本书得到"中央高校基本科研业务费专项资金资助"
(supported by "the Fundamental Research Funds for the Central Universities")

中国Z世代粉丝圈层的文化生产研究

杨盈龙 著

中国国际广播出版社

前　言

在这令人振奋的时刻，我怀着激动的心情，见证了杨盈龙博士从研究生蜕变为如今的成熟学者。这本书的内容源于她博士论文的实地调研，这让我感到格外自豪。

这本书深入研究了粉丝文化，是我多年来一直致力于研究的领域。杨盈龙博士在书中不仅将粉丝理论引入中国，而且通过她独特的见解，深刻而全面地拓展了这个领域，特别关注了Z世代。Z世代指的是出生于1995—2009年的一代人，他们在数字化、信息化的时代成长，对社会、文化产生了独特的影响。这一代人的行为和价值观在粉丝文化中表现得尤为引人注目。

该书提到了数字时代粉丝圈层文化的演变，强调了粉丝在追星过程中投入的高成本以及资本在其中的重要角色；探讨了粉丝生产的文化行为，同时着重考察了Z世代在粉丝文化中的独特表现。Z世代成员由于生长在科技迅速发展的环境中，对数字媒体和虚拟社交平台有着天生的亲近感，为他们参与和塑造粉丝文化提供了全新的可能性。

杨盈龙博士通过对Z世代的深入研究，使我们更了解这一代人在粉丝追星活动中的动机和行为。Z世代的粉丝行为呈现出更为复杂、个性化的特点，他们不仅追逐偶像，更参与到一个庞大的文化生产网络中。这种数字时代的养成式文化，使得Z世代粉丝通过社交媒体、二次元文化等途径，共同参与到粉丝文化的生产与传播中。

这本书共分为七章，前五章解答了"Z世代粉丝圈层文化如何被生产？"的问题，后两章对粉丝行为的能动性、圈层文化区隔、身份认同困境进行深入分析，并提出相应的政策与建议。杨盈龙博士的研究让我们看到了Z世代粉丝与粉丝文化的深刻互动，以及这一代人如何在数字时代塑造和被塑造着粉丝行为的模式。

在第四章和第五章，杨盈龙博士详细分析了粉丝的养成式文化，探讨了成为核心粉丝的养成过程，以及粉丝的身份认同和仪式的认同与抵抗。在第六章和第七章，她从社会因素的角度深入探讨了Z世代粉丝圈层的文化冲突与身份认同，以及粉丝群体成为"商品"背后的社会因素。

我要由衷地祝贺杨盈龙博士取得的成绩以及这本书的出版。在这个学术旅程中，她展现出卓越的学术品质和对研究的深刻理解。她的工作不仅为粉丝文化研究领域注入新的活力，更为我们理解当代文化现象提供了新的视角。

同时，我希望看到新一代中国学者如杨盈龙博士一样，能够创造出适合解释中国文化现象的理论。粉丝的养成式文化在中国和亚洲具有独特性，我期待杨盈龙博士能够从中国视角出发，与西方文学和理论进行对话。

希望这本书不仅能对学术界有所贡献，也能为广大读者带来深思，激发其对文化现象的更深层次的关注。我也由衷期待杨盈龙博士的学术成果能够继续为学术界和社会带来更多的启示和影响。

冯应谦

香港中文大学新闻与传播学院教授

北京师范大学艺术与传媒学院教授

2023年12月

目 录

导 言 　　　　　　　　　　　　　　　　　　　　　001

第一章　Z世代粉丝文化实践　　　　　　　　　　　001

　　第一节　中西方粉丝文化研究概述　　　　　　003

　　第二节　Z世代粉丝文化研究与数字实践　　　012

　　第三节　Z世代男性粉丝文化与御宅族研究　　016

　　第四节　问题意识与理论研究策略　　　　　　020

第二章　Z世代虚拟偶像粉丝的追星故事　　　　　037

　　第一节　何谓虚拟偶像　　　　　　　　　　　039

　　第二节　Z世代虚拟偶像的男性粉丝　　　　　045

　　第三节　Z世代虚拟偶像的女性粉丝　　　　　057

　　小　结　　　　　　　　　　　　　　　　　　060

第三章　粉丝场域：Z世代青少年如何成为二次元粉丝　063

　　第一节　Z世代二次元的动漫番剧、轻小说与游戏　065

第二节　漫展、Cosplay、宅舞　　　　　　　　072

第三节　二次元语言　　　　　　　　　　　　078

第四节　萌文化的审美趣味　　　　　　　　　082

第五节　二次元场域中各元素的网络构型　　　088

小　结　　　　　　　　　　　　　　　　　　091

第四章　"养成系"粉丝文化——Z世代如何成为虚拟偶像粉丝　　093

第一节　粉丝的初步养成——同人作品及音乐、游戏的作用　　　　　　　　　　　　　096

第二节　成为核心粉丝——演唱会的作用　　　097

第三节　仪式的认同与抵抗——粉丝群体应援仪式的作用　　　　　　　　　　　　　　098

第四节　粉丝的身份认同——面基的作用　　　100

小　结　　　　　　　　　　　　　　　　　　102

第五章　Z世代粉丝的文化生产——粉丝形成的社会因素　　103

第一节　学校教育与时间资本　　　　　　　　105

第二节　社会发展与媒介资本　　　　　　　　110

第三节　家庭结构与经济资本　　　　　　　　112

第四节　个人成长与情感资本　　　　　　　　118

第五节	文化因素的影响与个体信仰的缺失	120
小　结		124

第六章　Z 世代粉丝圈层的文化区隔与身份认同　　125

第一节	文化区隔	127
第二节	二次元粉丝圈层的身份认同困境	129
小　结		131

第七章　Z 世代养成式粉丝文化的价值批判与建议　　133

第一节	养成式粉丝文化的形成过程与因素	135
第二节	Z 世代粉丝圈层文化的忧虑、反思与批判	141
第三节	措施与途径——我们应该怎么做？	145
小　结		148

参考文献　　150

附录 1　局外人的身份困扰与性别优势　　160

附录 2　被采访对象的后续故事　　163

导　言

中国粉丝群体历经"追星族""迷""饭圈"三个不同的阶段,其圈层文化早已从参与式文化发展为Z世代的养成式文化。出生于1995—2009年的Z世代中国粉丝呈现出诸多新的文化表征,该群体在追星过程中付出比以往更加高昂的成本,资本愈加成为粉丝追星过程中的一个重要指标。在本书中,笔者将Z世代的虚拟偶像粉丝群体作为研究对象,重点叙述Z世代粉丝迷群的文化"生产"。本书将要回答一个重点问题:中国Z世代粉丝圈层文化是如何被"生产"的?本书在对Z世代粉丝圈层文化特征进行深度分析后认为,Z世代粉丝群体已经进入养成式文化生产时代。从本质上而言,养成式文化是一种"双向生产机制"的粉丝文化,社会、学校、家庭、资本在这一"文化流水线"上扮演了不同的角色,无论是大众偶像抑或是虚拟偶像,对粉丝而言都是一种情感投射,粉丝通过情感性劳动成为数字劳工。本书认为Z世代粉丝被视为消费"商品"在"文化流水线上"进行生产、加工、包装、出售,但该群体确是一种"能动"的商品。本书不仅分析了粉丝生产的文化行为,而且分析了粉丝群体是如何发挥能动性,反过来影响文化资本运作的。

本书一共分为八个部分,具体框架结构安排如下。

导言。本部分简要介绍本书的主要写作内容。重点介绍本书要解决的问题及研究结论，旨在帮助读者对本书有一个整体性的了解。

第一章：Z世代粉丝文化实践。第一节，对中西方粉丝文化研究的三次浪潮进行概述。第二节，详细介绍Z世代粉丝文化研究与数字实践。第三节，主要对Z世代男性粉丝文化与御宅族进行研究。第四节，介绍本书的问题意识与理论研究策略。

第二章：Z世代虚拟偶像粉丝的追星故事。第一节，对虚拟偶像概念进行界定，之后对虚拟偶像的发展现状以及虚拟偶像粉丝与大众粉丝的共性与区分展开论述。第二节，主要介绍Z世代虚拟偶像的男性粉丝。第三节，介绍Z世代虚拟偶像的女性粉丝。在这一章我们讲述了调研过程中长期跟踪采访的几个研究对象的故事，并对他们进行了详细介绍。

第三章：粉丝场域：Z世代青少年如何成为二次元粉丝？要想成为虚拟偶像迷群，就要进入二次元场域。那么如何才能进入二次元场域，成为二次元群体呢？这一章会对二次元的活动进行详细介绍。第一节，讲述Z世代二次元的动漫番剧、轻小说与游戏。第二节，讲述漫展、Cosplay、宅舞。第三节，介绍二次元语言。第四节，讲述萌文化的审美趣味。在二次元场域中，所有的因素相互作用，促使二次元群体最终形成固定的审美惯习。第五节，分析二次元场域中各元素的网络构型。

第四章："养成系"粉丝文化——Z世代如何成为虚拟偶像粉丝？本章详细介绍了二次元群体是如何成为虚拟偶像粉丝的。第一节，粉丝的初步养成，讲述虚拟偶像的同人作品及音乐、游戏的作用。第二节，成为核心粉丝，讲述的是演唱会的作用。第三节，仪式的认同与抵抗，主要讲述粉丝群体应援仪式的作用。第四节，粉丝的身份认同，介绍了面基的作用。

第五章：Z世代粉丝的文化生产——粉丝形成的社会因素。第一节，学校教育与时间资本。中小学教育给二次元群体提供了大量的时间接触二次元文化，同时国漫崛起之后给"00后""10后"提供了更多的二次元文化内容，从而促使年轻群体快速进入二次元世界。第二节，社会发展与媒介资本。随着社会的发展，网络资本进驻二次元市场，动漫 App 以及哔哩哔哩等互联网媒介的出现加速了二次元群体的增长。第三节，家庭结构与经济资本。中国家庭结构及家庭经济的发展给虚拟偶像粉丝提供了发展个人爱好的空间。第四节，个人成长与情感资本。虚拟偶像与粉丝陪伴式的成长经历，增加了粉丝对偶像的情感资本积累，促使二次元群体快速成为粉丝。第五节，文化因素的影响与个体信仰的缺失。一方面，中国传统文化的复兴以及国漫的崛起，给二次元爱好者提供了更浓郁的文化氛围；另一方面，青少年个体信仰的缺失使得他们在面对挫折时亟须寻找一个安全的港湾，而二次元世界正好提供了这样一个避风港。在以上复杂的综合因素的影响下，很多二次元爱好者成为粉丝。

第六章：Z 世代粉丝圈层的文化区隔与身份认同。第一节，文化区隔。讲述了文化区隔的现象及其形成原因。第二节，二次元粉丝圈层的身份认同困境。介绍了虚拟社区以及真实世界的认同困境。主流社会与意识形态对二次元群体的不认同与权力制约、现实生活中三次元群体对二次元群体的差异性对待以及鄙视行为，使得二次元群体亟须获得身份的认同，这种认同心理促使他们进一步成为二次元爱好者，成为虚拟偶像的核心粉丝。

第七章：Z 世代养成式粉丝文化的价值批判与建议。第一节，养成式粉丝文化的形成过程与因素。重点对粉丝形成过程中的关键因素进行归纳式总结。第二节，Z 世代粉丝圈层文化的忧虑、反思与批判。主要指对 Z 世代虚拟偶像粉丝成为免费数字劳工的现状的忧虑、反思与批判。第三节，措施与途径——我们应该怎么做？面对快速增长的 Z 世代二次元群体与虚拟偶像粉丝群体，针对一些负面现象，我们应该如何引导？本书最后给出相应的建议：对青少年进行文化圈层差异化的认知教育；对低龄化青少年群体进行三观的引导性教育；对青少年进行适度的挫折训练；对二次元文化艺术创作的引导；给予Z世代虚拟偶像粉丝群体相应的宽容与尊重；对粉丝文化、娱乐消费过度现象实行行业约束，遏制工业资本野蛮生长。

本书的核心结论是：Z世代粉丝圈层正在形成养成式文化，即Z世代之所以成为虚拟偶像粉丝，是因为偶像工业文化长期地、潜移默化地对特定群体全方位的文化植入，粉丝在这种文化氛围中渐渐成长为虚拟偶像的忠实粉丝；粉丝在制造偶像的同时也在被养成，养成式文化的生成是一种粉丝与偶像双向养成的文化机制；而在粉丝养成的过程中，社会、家庭、资本等因素发挥了至关重要的作用，扮演了"文化流水线"上的重要角色。本书对布迪厄"场域"理论做了进一步扩充。本书指出大众若要成为二次元虚拟偶像的粉丝，首先必须具备一定的时间、媒介、经济与情感资本，才能够有资格进入粉丝圈层文化场域。其次，大众在成为虚拟偶像的粉丝之后，需要在长期的养成式工业文化熏陶中、在主动参与与被动参与的双向影响的文化机制之上、在粉丝个体自我认同与迷群他者肯定的过程中，把偶像视为一种精神信仰与精神领袖。只有这样，他才能成长为社群中的核心粉丝。最后，在粉丝养成的过程中，粉丝付出的情感性劳动越多，越容易成为虚拟偶像的忠实粉丝。这也从侧面解释了粉丝为何对虚拟偶像如此迷恋与疯狂以及粉丝对虚拟偶像想象性需求的功能。而在粉丝圈层的文化场域中，资本、身份、文化、想象等都发挥了重要作用。

本书的研究基于笔者博士期间（三年）的田野调查。期间，中国粉丝群体快速膨胀，粉丝文化研究成果也如雨后春笋般层出不穷，有关粉丝圈层的治理问题引发了政府层面的高度关注。本书的研究起点是2018年《创造101》对王菊粉丝的调查，之后，将对大众偶像粉丝的研究转向对二次元虚拟偶像粉丝的研究，也正是这两次研究，使笔者在写作时能够从文化对比视角更加客观地对粉丝现象进行书写。本书的研究目的不是对中国 Z 世代粉丝圈层进行猎奇式描写，而是运用社会科学方法，从文化社会学视角对该群体进行客观分析，以期为应对该圈层频繁的文化冲突、青少年成长、父母与学校教育等问题提供一些可借鉴性的参考意见。

第一章

Z世代粉丝文化实践

中国粉丝文化经历三个阶段,从"追星族",到《超级女声》的"玉米粉"等,再到偶像养成时代的饭圈。中国粉丝逐渐从青年亚文化边缘群体成为数字时代显著的青年文化现象,在主流话语中渐得一席之地。回顾中国粉丝二十年,从2000年左右的"追星族"到数字时代的"饭圈粉丝",粉丝从1.0时代进入2.0时代,追星方式历经电视投票、手机投票、互联网投票、平台打投等媒介变化,追星模式发生了巨大的改变。数字时代的粉丝群体通过新的媒介技术实现追星方式的改变,对社会文化的影响力也在逐步扩大。2.0时代的粉丝群体娴熟地利用社交媒体进行舆论炒作和微博控评,制造多起舆论事件。长期以来,社会大众对Z世代的粉丝产生诸多误解——疯狂、偏激、非理性等标签成为该群体的文化符号与代言词。面对这样的社会现象,对Z世代粉丝群体进行深入的田野调查,运用深描的方式对其社会行为进行文化阐释,而不拘泥于社会现象本身是本书写作的出发点。

第一节 中西方粉丝文化研究概述

一、中国粉丝文化研究的三次实践

中国粉丝文化研究是从 2005 年湖南卫视的《超级女声》开始进入大众视野的，但是中国的粉丝真正起始于"港台歌星热"时期。因此，笔者根据个人的观察，把中国的粉丝文化研究分为三个阶段，以方便后续的理论陈述。

第一阶段，"追星族"时期，这一阶段国内粉丝文化研究尚未起步。这一阶段从 20 世纪 80 年代末期到 21 世纪初期。这一阶段出现了大量关于粉丝疯狂、不理性追星的新闻报道，粉丝往往以非理性的面貌出现在大众面前。这个时期的粉丝与美国早期粉丝非常相似，给人以疯狂的、非理性的刻板印象。

第二阶段，《超级女声》选秀时期，也是引入西方粉丝理论的时期。这一阶段，中国部分学者开始介入粉丝文化研究。比如陶东风的《粉丝文化读本》就首次把西方的粉丝理论引入国内。这个阶段的粉丝文化研究，主要是对西方粉丝理论的引入与介绍，本土研究的成果并不多。

第三阶段，互联网虚拟社群时期，也是粉丝理论的本土化研究阶段。这一阶段的粉丝文化研究聚焦中国粉丝文化现状。研究者从各个层面开展研究，但是研究的问题、方向与路径呈分散式状态，并未形成具有建设性的理论成果。

目前，中国的粉丝理论基础与研究路径依然基于西方的学术体系，针对互联网虚拟社区、迷群组织、粉丝性别等多个角度对粉丝群体进行研究。但是，中国目前的粉丝文化研究杂乱分散，并且多集中于粉丝文化现状的价值批判与现实反思，并未对"粉丝是谁""大众如何变成粉丝"等问题进行翔实的田野调查。基于此现状，本书希望通过对虚拟偶像迷群进行深入的田野研究，从而回答以上问题。

（一）西方粉丝理论引入阶段

在中国粉丝文化研究的三次浪潮中，第一次粉丝行动并未引起学界的重视，针对这个阶段的研究成果寥寥可数。第二阶段（《超级女声》选秀时期）的粉丝文化研究主要以引入西方粉丝理论为主。陶东风的《粉丝文化读本》第一次系统地介绍了西方粉丝文化的研究成果，内容涉及粉丝定义、粉丝消费特征、粉丝文化政治等，具有重要的理论参考价值。之后，费斯克（John Fiske）、德赛都等的大众文化研究也开始涉及粉丝文化。粉丝文化研究专家亨利·詹金斯（Henry Jenkins，1992）的《文本盗猎者：电视粉丝与参与式文化》一书被翻译引入国内，他提出的粉丝参与式文化研究理论成为目前国内粉丝文化研究的重要理论基础。

（二）"后粉丝时代"[①]的本土化研究

进入"后粉丝时代"的中国粉丝文化研究主要集中于以网络虚拟社区

---

① 本书所指的"后粉丝时代"，对应中国粉丝文化研究的第三个阶段，即互联网数字时代的粉丝文化，这个时代的粉丝群体以虚拟社区为核心进行沟通交往，实现粉丝身份的自我认同。保罗·布斯（Paul Booth，2016）在他的《数字粉丝2.0：新媒体研究》[*Digital fandom 2.0 new media studies (digital formations): 2nd edition*]一书中，详细论述了数字时代的粉丝行为与特征。马克·波斯特（Mark Poster，1995）提出虚拟社区是第二代媒体时代的核心，社区是粉丝活动的中心。本书把保罗·布斯与马克·波斯特所谓的数字时代以及虚拟社区时代，统一归为"后粉丝时代"。

为核心的粉丝研究、数字劳工的粉丝文化研究、粉丝迷群行为以及性别角度的研究。比如大量的研究者集中对互联网虚拟粉丝社区进行观察与记录，从而总结出"后粉丝时代"的粉丝行为特征。黄海靓、罗安元（2007）在《网络"粉丝"文化社区传播机制初探》一文中提出粉丝文化在网络环境下获得了飞速的发展，粉丝文化社区的形成有赖于网上传播和网下传播两种机制的合力。文章重点考察了粉丝社区的网上传播机制，并简要介绍了其网下传播方式，分析了网络粉丝文化社区与现实粉丝文化及其他网络社区的区别。蔡琪（2009）的《网络与粉丝文化的发展》一文从网络与粉丝文化的关系出发探讨了粉丝的参与性文化与网络社区的解读。倪东辉、程淑琴（2013）在《网络粉丝文化研究》一文中提到了粉丝拥有共同的偶像精神领袖，在共同的社群中形成高度的感染和认同，最终达成群体思想凝聚以及行为一致，并通过这种归属和互动形成满足感，通过话语来确定彼此的身份，最终形成庞大的部落群。这样的研究非常多，因此，本书主要通过线下田野调查的方式，以网络社区为依托进行参与式观察，希望更加全面地考察粉丝群体行为特征。

中国数字劳工的粉丝文化研究通常集中在粉丝的同人作品中。杨玲（2009）的《粉丝小说和同人文：当西方与东方相遇》、尤静芳（2012）的《动画同人创作的传播研究》、陆静怡（2013）的《粉丝文化中的同人文现象研究》、曹冉（2013）的《同人粉丝：对一种网络亚文化群体的分析》、任安（2017）的《从动漫的同人创作看粉丝文化》、王哲（2017）的《想象的可能和另一种世界的构建——网络同人小说研究》……这些文章从同人作品与粉丝的关系出发，去剖析粉丝文化。目前，有关粉丝同人创作研究的文章非常多，都从不同的层面反映了同人作品中的粉丝劳动。

从性别角度研究粉丝的文章也非常多。南开大学鲍震培教授的《媒介粉丝文化与女性主义》一文（《南开学报》2013年第6期）从女性视角解读媒介粉丝文化，并通过调研得出粉丝群体中女性占据更大的比例的结论，因此，鲍震培教授认为应加强对以女性为主体的粉丝文化的引导，这对实现性别平等的先进文化建设具有重要意义。针对男性粉丝文化的研究是本书的重点，此处不再重复叙述。

由此可见，中国真正的本土化粉丝文化研究成果更多集中在"后粉丝时代"，研究的内容、方法、路径与成果丰富。这个阶段的粉丝文化研究呈爆发式态势，研究群体更加多元化，纵向深入的个体研究、群体研究、对比研究成果也颇为丰硕。更为可贵的是，原创性的本土粉丝理论正在成为主流，西方粉丝文化研究理论慢慢退居其次。

二、西方粉丝文化研究的三次浪潮

（一）身份转向：从被动的受众到能动的参与者

西方粉丝理论研究的起源是大众传播理论。粉丝是受众的特殊群体，对粉丝的解读起源于对早期受众理论的解读。法兰克福学派认为在文化工业体系下，大众是被动的群体。福柯（Michel Foucault，1977）的《规训与惩罚：监狱的诞生》认为，权力核心通过国家机器对大众进行规训和惩罚，大众是被动地接受权力，纪律与规训是无处不在的。

20世纪70年代以后，文化研究发生了"葛兰西转向"，英国伯明翰学派对大众文化有了新的定义。他们认为大众不是完全意义上的被动受众，而是对主流文化有抵抗的一群受众。伯明翰青年亚文化研究提出了著名的收编/抵抗范式（简称IRP），这个范式的关注点从文化生产转向文化消费，即大众在文化消费的过程中，不是简单的被收编，而是对其进行抵抗（陶东风，2009）。以斯图亚特·霍尔（Stuart Hall）为代表的英国伯明翰学派认为，大众对信息的解码不是传统意义上魔弹理论［也被称为皮下注射理论（D.Berlo，1960）（这种理论认为，受众是单向度接受信息的，对大众传播内容是无条件接受的）]，霍尔提出编码（Encoding）、解码（Decoding）不是简单的制作者编码，受众解码，"意义的生产"（meaning-making）的形式与接受者的社会地位有关。大众与主流文化抗争的同时也会失去或者赢得一些东西，大众在编码的时候会以多元化的形式去理解大众媒介的信息。大众在解读信息的时候，有的可能是完全抵抗，有的是部分接受，但更多受众在解读过程中，处于持续谈判中。[1]因此，霍尔根据受众解读信息的过程，认为主导的、协商的、对立的三种解读方式是受众解读信息的主要模式。自此，霍尔主张，大众文化下的受众不是法兰克福学派所谓的被动的受众。

在霍尔的影响下，传播研究开始从生产者研究转向消费者研究。米歇尔·德·塞托（Michel De Certeau）与费斯克开始把关注点转向消费，他们认为消费过程比生产过程更加重要，并积极肯定消费大众的主动性与创造力，开始使用"偷猎""盗用""偷袭"等词语（陶东风，2009）。[2]米歇尔·德·塞托（2009）在《日常生活实践：1.实践的艺术》中指出，西班牙殖民者在对印第安人进行殖民统治时说道："他们颠覆殖民者的文化方式，不是拒绝或改变，而是在使用这些文化的时候，赋予它们完全不同于他们被迫接受的体系的效果和所指。"[3]米歇尔·德·塞托在《日常生活实践：1.实践的艺术》中的一个主要理论是消费者的消费程序和策略如何构成了"反规训的网络"。消费者是如何与规训进行反抗性或者谈判性接受的。米歇尔·德·塞托一方面反对福柯《规训与惩罚：监狱的诞生》中大众无反抗仪式的规训，另一方面延伸了霍尔提出的大众消费解码的主动性。

---

[1] HALL S. Encoding/decoding [M] //HALL S, HOBSON D, LOWE A, et al, eds. Culture, media, language: working papers in cultural studies（1972-1979）. London: Hutchinson, 1980（1973）: 128-138.

[2] 陶东风. 粉丝文化读本 [M]. 北京：北京大学出版社，2009：4.

[3] 塞托. 日常生活实践：1.实践的艺术 [M]. 方琳琳，黄春柳，译. 南京：南京大学出版社，2009.

费斯克（1989）在德·塞托的基础上进一步发展了大众粉丝理论。费斯克认为粉丝是主动的、热烈的、参与式的文化生产者，"大众文化是由大众而不是文化工业促成的"[①]。费斯克认为粉丝是一些过度的读者（excessive reader），他把大众分为精英、大众和粉丝。粉丝是大众群体中的一群狂热的受众，粉丝与大众一直处于对抗收编与反收编的过程中。费斯克用辨别力与区隔、生产力与参与性、资本积累三个概念概括粉丝的特征。费斯克借用布迪厄（Bourdieu，又译布尔迪厄）"文化资本"和"惯习"的概念，描述粉丝在文化资本中权力争夺的关系。费斯克将粉丝的生产力划分为符号生产力、声明生产力以及文本生产力。其中，符号生产力是整个大众文化的特征，声明生产力是符号生产力的可见的、公共的声明。在费斯克的粉丝理论中，粉丝与大众文化、官方文化之间的关系是权力抗争关系，比德·塞托中消费者粉丝更加积极主动。

在费斯克与德·塞托之后，亨利·詹金斯是另一位粉丝文化研究的专家。詹金斯在针对粉丝理论开展研究的时候，西方的粉丝圈还未进入学术界视角，大家对这个群体尚未进行学术理论研究，当时的粉丝圈还隐匿在公众视野之外。[②] 但是，詹金斯作为一位学术型粉丝[③]，从粉丝的角度进行学术观察，认为粉丝群体的行为是参与式文化。基于德·塞托的盗猎概念与霍尔的编码、解码概念，詹金斯认为粉丝在消费过程中，更加积极主动地参与大众文化，并且粉丝的能动性要超出一般读者和消费者。与詹金斯不同的是，德·塞托（1984）[④]认为，大众阅读以灵活多变的方式"转战"于自己感兴趣的领域，当从一个领域"转战"到另一个领域的时候，大众是

[①] 费斯克.理解大众文化［M］.王晓珏，宋伟杰，译.北京：中央编译出版社，2006.
[②] JENKINS H. Textual poachers: television fans and participatory culture［M］. New York: Routledge, 1992.
[③] 詹金斯本身是一个学者，同时也是一名粉丝，利用粉丝的身份对粉丝活动进行研究。
[④] DE CERTEAU M. The practice of everyday life［M］. Berkeley: University of California Press, 1984.

匆忙的。这种灵活多变的战术虽然让读者保持了运动的自由，但是也让其付出了相应的代价，即这些大众读者无法形成一个稳定的文化圈子与阵地。詹金斯认为，德·塞托的观点适用于普通大众，不适用于粉丝，大众不会像粉丝一样深入参与活动，因此德·塞托的观点对于粉丝来说不够准确。

詹金斯认为粉丝与普通大众的最大区别在于，粉丝是积极主动地参与并且创造粉丝文化——参与式文化。大量的粉丝对自己喜爱的文学作品、电视剧、电影进行续写，创造属于自己的粉丝文化。詹金斯的核心理论是粉丝的参与式文化。詹金斯作为学者型粉丝详细介绍了粉丝是如何积极对原始文本进行再创作的，粉丝的参与性与能动性在詹金斯的研究中被发挥到了极致[1]。詹金斯（2018）[2]认为粉丝的参与式文化是无处不在的，尤其在互联网时代，大众的行为几乎都是参与式文化。这些粉丝在参与式文化的过程中制造文化意义。詹金斯的参与式文化是西方粉丝文化研究的主流方向，他本人也是中国国内对粉丝理论介绍最详细的学者。随着时代的发展，粉丝文化研究开始从参与式粉丝文化转向多元化的研究方向，因此，越来越多的理论家开始批判简单的二元对立（作者—受众）的研究模式。

到了数字时代，养成式文化逐渐取代了参与式文化，粉丝更加积极主动地参与到偶像制作中。养成式文化是基于当下偶像的"养成系"模式[3]，"通过对偶像日常生活和状态的不断披露，满足粉丝的需求，是'养成系'

---

[1] JENKINS H. Textual poachers: television fans and participatory culture [M]. New York: Routledge, 1992.
[2] JENKINS H. Fandom, negotiation, and participatory culture, a companion to media fandom and fan studies [M]. BOOTH P, ed, New Jersey: Wiley-Blackwell, 2018.
[3] 所谓"养成系"偶像，是从日本和韩国的流行文化产业中传播过来的一种新现象。传统娱乐公司推出歌手的流程大抵如下：发现新人、培训包装、宣布出道、进行各种渠道的宣传、出专辑，这种模式在很长时间内没有发生改变，而仅仅是在传统媒介的宣传上增加了诸如微信、微博、直播等新媒介载体。而"养成系"偶像的不同在于，他们在培训包装的过程中，就已经通过网络进行了曝光，进行了第一轮的粉丝积累。

偶像维系与粉丝之间紧密关系的根本"①。在这个过程中，粉丝不再满足于参与式的行为模式，而是更加积极主动地去塑造偶像。伴随粉丝更加主动的参与，粉丝与偶像的地位发生变化——由单向变成双向②，养成式文化以"参与感"为主诉求的社交正在内涵上扩大着自身的概念，从对偶像的单向养成演变为粉丝与偶像双向机制的养成。詹金斯所谓的参与式文化在数字时代已经成为一种普遍现象，随着粉丝主动权的放大，养成式文化逐渐取代了参与式文化，成为数字时代粉丝追星的主要特征，简单的二元对立模式已经完全消逝。

在养成式的文化关系模式中，粉丝作为能动的创作者的身份被放大。自此，在粉丝身份转向问题上，粉丝已经完全从被动的参与者变为主动的创造者——这些研究成果也是本书研究的学术起点。

（二）研究范式的转向：从收编/抵抗范式到想象/表演范式

在大众文化研究中，西方传统的研究范式是文化工业与受众的二元对立，即文化工业与受众总处于收编/抵抗的博弈中。霍尔与杰斐逊（Stuart Hall and Tony Jefferson，1975）的《通过仪式抵抗：战后英国的青年亚文化》一书通过分析青年的仪式，把这种收编与抵抗的二元模式，极端地对立起来。费斯克、德·塞托受这种二元对立的研究思路的影响很深，虽然他们都积极肯定粉丝的主动性，但是研究范式依然跳不出法兰克福体系下的二元对立模式。同样，詹金斯提出粉丝"盗猎者""游牧者"的特性，并肯定了粉丝对大众文化再创作的积极性。但是，粉丝文化研究却依然遵循二元对立的传统路径。

---

① 朱丽丽，韩怡辰.拟态亲密关系：一项关于养成系偶像粉丝社群的新观察——以TFboys个案为例［J］.当代传播，2017（6）：72-76.
② 梁爽.新媒体平台中"养成系"偶像的粉丝身份建构及二者的权力关系［D］.广州：广东外语外贸大学，2018.

在研究范式的转向方面，莫利（Morley）做出了创造性的贡献。莫利（1980）的《"举国上下"的观众：建构与编码》通过对不同的小组进行实验，检测了霍尔的理论模式。在莫利的实验中，很多现实中的读者在阅读过程中，"谈判协商要多于主导或者反抗，不同的观众根据他们自己的生活来获取媒介内容"[1]。莫利认为观众对媒介反应的复杂程度不是简单的收编/抵抗范式就能够全部涵盖的，每位读者在进行阅读的时候，都会根据不同的情况做出不同的反应，这甚至还和读者自身的种族、身份、性别有关系。

詹金斯之后，尼古拉斯·阿伯克龙比与布莱恩·朗赫斯特（Nicholas Abercrombie and Brian Longhurst，1998）提出粉丝的想象与表演理论[2]。他们认为在大众研究中，收编/抵抗范式在20世纪90年代已经过时，需要用奇观/表演范式（Spectacle/Performance Paradigm，简称SPP）取代。收编/抵抗范式的核心问题是权力，奇观/表演范式的核心问题则是身份概念，并且应该关注日常生活复杂语境中变化不定的身份问题。[3]之后，很多学者从不同的角度研究粉丝的身份问题。保罗·布斯（2016）认为粉丝身份性别的问题研究在粉丝领域中非常多。詹金斯在《文本盗猎者：电视粉丝与参与式文化》一书中对粉丝的性别问题进行了研究，培根·史密斯（Bacon-Smith，1992）在《事业型女人》（*Enterprising Women*）中集中探讨了粉丝的性别问题，詹森（Jensen，1992）把性别作为一种特殊特征去分析。保罗·布斯（2016）则反对对性别的过度研究，认为粉丝身份所带来的种族、人种、民族是粉丝文化研究中尚缺少的领域。潘德（Rukmini Pande，2018）在《你所说的"粉丝"是谁？去殖民化媒体粉丝身份》

---

[1] MORLEY D. The nationwide audience: structure and decoding [M]. London: British Film Institute, 1980.

[2] ABERCROMBIE N, LONGHURST B. Audiences: a sociological theory of performance and imagination [M]. London: Sage, 1998: 31.

[3] ABERCROMBIE N, LONGHURST B. Audiences: a sociological theory of performance and imagination [M]. London: Sage, 1998: 31.

(*Who do you mean by "fan?" Decolonizing media fandom identity*)中认为粉丝文化研究过于集中在粉丝的活动问题，却忽略了粉丝身份研究的问题。在早期的粉丝文化研究中，身份研究是核心。为了回答身份的问题，粉丝文化研究聚焦于粉丝活动，只是后来的研究者把研究精力过多集中于粉丝活动，而忽视了身份问题。

数字时代的粉丝文化研究范式更加多元化，心理、性别、精神、民族等都曾涉及，但是二元对立的范式已经消失不见，想象/表演范式研究成为主流。[①]而经过研究发现，在粉丝社群中，无论是大众粉丝还是虚拟偶像粉丝，偶像想象对于个体确实发挥着至关重要的作用。因此，从研究范式上，本书采取想象/表演范式。

第二节 Z世代粉丝文化研究与数字实践

Z世代主要是指出生于1995—2009年的一代人。他们成长于物质世界丰裕的社会，追求精神性的愉悦体验，注重向内的自我审美，在物质消费中形成自己独立的世界观与价值观。Z世代青少年是中国首批互联网原住民，他们熟练运用社交媒介，通过多种文化实践方式参与广泛的社会生活，形成了自己固有的"文化圈子"与"兴趣部落"。相较于1.0时代的粉丝，Z世代粉丝自出生就与数字媒介紧密相连，在追星过程中能够娴熟使用互联网媒介，通过数字打投方式"为爱发电"，成为新一代数字劳工。相较以往的粉丝文化实践，Z世代粉丝社群呈现出更多新的文化表征，比如数字劳工、粉丝的情感性劳动、网络社区的粉丝行动以及社群的组织化运作等，表现出与非互联网时代粉丝巨大的文化差异。本节重点介

---

① GRAY J，SANDVOSS C，HARRINGTON C. Fandom：identities and communities in a mediated world [M]. New York：New York University Press，2017.

绍Z世代粉丝网络社群组织、粉丝劳工与情感性劳动等研究成果。

一、Z世代粉丝与网络社群组织

Z世代粉丝文化研究近些年趋向于对网络社区中粉丝社群的观察。学界对Z世代粉丝的研究重点集中在饭圈、二次元粉丝、同人粉丝与游戏圈层粉丝，主要呈现出四种研究路径：一是沿袭英国伯明翰学派青年亚文化研究路径，以詹金斯的参与式文化理论体系为主，对Z世代粉丝圈层参与行为进行研究；二是基于西方马克思主义政治经济学研究路径，以数字劳工为主要理论支撑，对Z世代粉丝的情感性劳动问题进行批判与反思；三是社会学研究路径，基于格兰诺维特的社会网络理论，考察Z世代网络粉丝圈层结构、层级以及集群行动逻辑；四是传播学研究路径，考察青少年亚文化圈层的组织化传播。

在互联网时代之前，粉丝集群以物理空间进行线下集群行动，这与互联网粉丝高度的组织化呈现出明显的区别。Z世代粉丝网络社区的高度组织化受到学术界高度重视。有学者提出网络空间的粉丝社群以圈层化方式存在，呈现出"典型的'巴尔干化'特征，即网络群体之间信息的相互绝缘"[①]。

学术界认为当前我国Z世代亚文化青少年实际正在形成两种圈层现状：一是高度科层化的"金字塔"组织；二是弱组织性的后亚文化圈层。

饭圈的高度科层化是Z世代青年粉丝的典型代表。Z世代粉丝在网络中以不同的偶像为中心形成不同的饭圈，彼此之间界限清晰，有强烈的边界感。相比其他亚文化圈层，以饭圈为代表的Z世代青年粉丝文化形成了强组织性的"金字塔"结构，这种组织结构具有典型的文化边界性与排他

---

① 张洪忠，斗维红，张尔坤. 圈层的背后：网络信息传播的"巴尔干化"分析[J]. 编辑之友，2022（5）：49-53.

性。尤其是以偶像为核心的饭圈，有清晰的科层组织、等级结构与封闭式的圈层文化。在粉丝文化研究中，饭圈被视为天然具有文化边界的群体，有极强的科层组织、身份认同与群体归属感。有学者认为，亚文化粉丝群体以一种更加隐蔽的方式将自我封闭在网络圈层世界，并呈现出"圈地自萌"的文化状态[1]。

如果饭圈是粉丝圈层"高度组织性"的典型代表，那么以 livehouse[2]、剧本杀、土味等为代表的粉丝圈层逐渐形成了另一种"弱组织性"的圈层文化。班尼特、哈恩-哈里斯在《亚文化之后：对于当代青年文化的批判研究》一书中指出，相比伯明翰学派视角下的亚文化，后亚文化青年群体表现出一种更强的文化流动性、多变性与混杂性。[3] 作为一种新的粉丝文化现象，后亚文化粉丝社群内部的组织关系与文化表征更值得深入研究。目前后亚文化粉丝社群以"弱组织性"为其显著特征，呈现出较强的流动性与开放性，并以一种弱情感链接的形式出现。

二、"粉丝劳工"与"情感性劳动"

粉丝劳工出现的时间背景是数字时代［罗贝塔·皮尔森（Roberta Pearson，2010）；保罗·布斯，2016］，罗贝塔·皮尔森认为在数字时代，生产者与消费者之间的界限已经模糊，粉丝既是消费者也是生产者。[4] 在数字时代，粉丝从参与式角色转向创作者身份，参与已经不能满足粉丝

---

[1] 曾一果.从"圈地自萌"到"文化出圈"：社交媒介环境下"饭圈"文化的自我突破［J］.人民论坛·学术前沿，2020（19）：6-13.
[2] Livehouse：乐队现场演出的文化活动。
[3] 班尼特，哈恩-哈里斯.亚文化之后：对于当代青年文化的批判研究［M］.中国青年政治学院青年文化译介小组，译.北京：中国青年出版社，2012.
[4] PEARSON R. Fandom in the digital era［J］. Popular communication，2010（8）：84-95.

内心的情感体验。在数字时代，出现了大批粉丝"数字劳工"，也称"粉丝劳工"（Fan Labor）。最早将劳动框架应用于粉丝劳动的是安德烈耶维奇（Andrejevic，2009）、赫斯蒙达尔（Hesmondhalgh，2010）、福克斯（Fuchs，2012）等人，他们认为粉丝不仅仅是消费者，也是制作人，粉丝小说、粉丝视频等超文本产品，甚至很多同人作品都是粉丝劳工的产品。阿比盖尔（Abigail De Kosnik，2012）[1]和保罗·布斯（2016）[2]在他们的著作《数字劳工》与《数字粉丝2.0：新媒体研究》中，对粉丝的数字劳动进行了全面的阐释，同时对粉丝的文本化行为进行了详细的分析。梅尔·斯坦菲尔（Mel Stanfill，2019）从媒介工业视角对粉丝参与式的无偿劳动做出了分析，他认为粉丝的劳动与大众劳动不同，是一种出于爱好而自发的劳动，媒介工业正是利用粉丝的文化特质激励粉丝进行无偿劳动的。[3]

已有不同学者从情感性劳动出发，对粉丝免费劳动做了进一步的阐释。台湾学者王佩迪在分析台湾御宅族粉丝时认为，粉丝劳动是"情感性劳动"（Affective Labor）。迈克尔·哈特（Michael Hardt）和安东尼奥·内格里（Antonio Negri）认为"情感性劳动依赖于感情劳动的付出，如关怀和情感，这种情感的产生与操纵可以通过虚拟的人际接触来实现"[4]。目前，所有的粉丝劳动实质上都是一种情感性劳动。拉赫玛·苏吉哈尔蒂（Rahma Sugihartati，2017）在分析数字同人圈的青年粉丝时说："加入数字同人圈的都市青年并没有摆脱资本主义的霸权，因为他们已经成为游戏玩家，为

---

[1] DE KOSNIK A. Digital labor: the internet as playground and factory [M].SCHOLZ T, ed. New York: Routledge, 2012.

[2] BOOTH P. Digital fandom 2.0 new media studies (digital formations): 2nd edition [M]. Switzerland: Peter Lang, 2016.

[3] STANFILL M. Fandom and/as labor, exploiting fandom: how the media industry seeks to manipulate fans [M]. Edward: University of Iowa Press, 2019.

[4] WISSINGER E A. The value of attention: affective labor in the fashion modeling industry [D]. United States -New York: City University of New York, 2004.

全球文化产业的力量从事免费的数字化劳动。"①

回顾粉丝文化研究历程，从最初的参与式文化到同人文化的创作和发行，其实是一种粉丝劳动行为的转变，但是这种劳动更多属于情感性劳动，大部分从粉丝的爱好出发。在二次元粉丝活动中，大量的同人作品出现，有的已成为能够产生收益的粉丝劳动，而不再是简单的免费劳动。比如在对虚拟歌姬的同人创作中，很多背后的粉丝从粉丝的身份转变成职业的创作者，并从中获取不菲的收益。本书也会从情感性劳动以及同人作品的角度对Z世代粉丝展开分析。

第三节　Z世代男性粉丝文化与御宅族研究

Z世代粉丝社群庞杂多样，饭圈、同人、御宅族、国风等圈层都有稳定的粉丝群体。本书选取二次元虚拟偶像初音未来以及洛天依粉丝群体为调研对象。之所以选择这个群体是因为二次元虚拟偶像粉丝群体数量在短短10年之内快速增加。CIC发布的《中国二次元内容行业白皮书》显示，2021年中国泛二次元用户规模高达4.6亿人，并且该群体主要集中在Z世代（"90后""00后"），这些青少年构成了二次元内容消费的主力军。根据二次元用户数量，二次元似乎已经冲出"亚文化"范畴，从小众走向大众。目前，二次元群体中的语言词汇正在深刻地影响着主流文化以及青少年文化圈。随着二次元用户的增加，虚拟偶像粉丝迷群也在快速增加。据目前研究得知，虚拟偶像粉丝以男性群体为主，但是针对这一群体的理论研究却相当匮乏。因此，对这一领域进行深入研究，不仅是对男性迷群的研究，也是对二次元青少年群体的研究。

---

① SUGIHARTATI R. Youth fans of global popular culture：between prosumer and free digital labourer［J］. Journal of consumer culture，2017（0）：1-19.

一、男性粉丝文化的研究

本书的研究对象主要是男性粉丝群体。笔者在田野调查的过程中，对研究对象初音未来以及洛天依的粉丝进行了问卷调查，一共发放 3.5 万多份问卷，收集到有效问卷 706 份，统计结果显示初音未来的男性粉丝占比约 68%，洛天依的男性粉丝占比约 70%，由此得知，本书的田野调查对象主要为男性粉丝群体。通过对已有研究的梳理，笔者发现国内关于女性粉丝的研究非常多，对于男性粉丝的研究则比较少，大部分关于男性粉丝的研究集中在游戏粉丝、虚拟直播粉丝群体在虚拟社区的身份建构等领域，比如陈彧（2013）的《共享仪式与互赠游戏——以百度贴吧为例的虚拟粉丝社群研究》、阮志功（2017）的《游戏直播粉丝身份特征的再思考》等。张琦林（2017）对《魔兽世界》粉丝群体的研究建立在对游戏粉丝社区的文化研究之上，曾一果（2017）的研究主要围绕男性粉丝与网络女主播身体表演之间的关系，张旖（2018）从消费符号与身份建构视角展开对《王者荣耀》粉丝的研究。虽然游戏以及游戏直播的迷群以男性为主，但是目前研究者并未从性别角度入手，依然以虚拟社区为观察媒介去解读粉丝群体、通过观察社区活动总结粉丝行为的特点，但是对于男性身份特征并没有深入挖掘，只是一些现象总结，即使抛开男性身份特征，这些文章的论述依然成立。

在西方的研究中，有关男性粉丝的研究是从詹金斯开始的。詹金斯（2006）在他的《融合文化：新媒体和旧媒体的冲突地带》（*Convergence culture: where old and new media collide*）一书中，从男性粉丝视角对媒介融合时代的文化进行了深入分析。[①] 2007 年，詹金斯召开了一次关于性别与粉

[①] JENKINS H. Convergence culture: where old and new media collide [M]. New York: New York University Press, 2006.

丝研究的学术会议，这次学术会议的核心议题是粉丝文化研究领域的男性研究者与女性研究者之间的对话以及性别因素对粉丝文化研究的影响。杰弗里（Jeffery Klaehn[①]，1999）的博士论文《歌迷与忠诚的信徒》于1999年出版成书，研究的是漫画男性迷群如何通过分享、消费以及多层面的活动参与漫画文化的粉丝活动。苏珊娜（Scott Suzanne，2011）在《粉丝的复仇：融合文化与公司斗争》一书中，从参与式文化与政治合作的角度考察男性粉丝的行为活动，并在该书的第一部分详细介绍了圣地亚哥动漫展上的男性粉丝。[②]

二、御宅族的文化研究

二次元是国内对ACGN文化爱好者的总称，这个称呼在日语中是にじげん，是"二维"的意思，直译为英语是"Two_dimensions"。但是如果直接输入"Two_dimensions"的话，在英语的学术体系中是难以找到对应的文献的。何威（2018）在《从御宅到二次元：关于一种青少年亚文化的学术图景和知识考古》一文中，对二次元的概念重构与演变进行了知识考古。他提出，在中国对ACGN爱好者使用"二次元"而非御宅族（otaku）是基于中国的国情与文化，"二次元"一词的出现是对御宅族本土话语的实践。[③] 在中国，很多御宅族其实与虚拟偶像粉丝群有着高度的重合。

西方对御宅族粉丝群的定义，主要是指痴迷于日本动漫以及热爱动

[①] KLAEHN J. Fanboys and true believers［M］. Oxford：University of Mississippi Press，1999.

[②] SUZANNE S. Revenge of the fanboy：convergence culture and the politics of incorporation［D］. Los Angeles：University of Southern California，2011.

[③] 何威. 二次元亚文化的"去政治化"与"再政治化"［J］. 现代传播（中国传媒大学学报），2018，40（10）：25-30.

漫游戏的美国人，目前的学术研究主要集中在一些年轻博士的论文中，比如恩格（Eng，2006）对美国御宅族的分析[①]；杰弗里[②]的博士论文《歌迷与忠诚的信徒》对美国漫画迷的分析；苏珊娜（2011）在《粉丝的复仇：融合文化与公司斗争》一书中对圣地亚哥动漫展上的男性粉丝的介绍等。西方的动漫粉丝群体，目前主要还是以美漫为主而非日漫，所以针对御宅族的研究主要还是掌握在日本学者的话语体系中。比如早期日本学者大塚英志在《物语消费论》中提到的"物语消费""大叙事""世界观"，就是对动漫文化以及御宅族的深刻分析；[③] 自封为"御宅之王"的冈田斗司夫（1996）在《御宅学入门》中对御宅族群体进行了详尽描述，一改之前御宅族消极负面的形象；东京大学的东浩纪在《动物化的后现代：御宅族如何影响日本社会》一书中，提出20世纪90年代之后，大叙事正在消失，"数据库消费"正在逐步取代"物语消费"[④]的观点。

受日本动漫文化以及亚洲文化共同体的影响，中国的日漫爱好者呈几何级数增长，因此，近几年学术界对ACGN群体的学术研究也在迅速增长。笔者在中国知网"哲学与人文学科"数据库中，以"二次元""虚拟偶像粉丝""御宅族"等关键词对此类文献进行了梳理。发现这方面的研究大多集中在硕士论文中，纵使一些期刊文章也聚焦于二次元、御宅族，但是很多停留在对群体亚文化的价值批判之上，对于群体内部组织的田野调查文章非常少。只有极个别的文章对SNH48的迷群组织及虚

[①] ENG L. Otaku engagements: subcultural appropriations of science and technology [D]. Troy, NY: Rensselaer Polytechnic Institute, 2006.
[②] KLAEHN J. Fanboys and true believers [M]. Oxford: University of Mississippi Press, 1999.
[③] 大塚英志."御宅族"的精神史：1980年代论[M].周以量，译.北京：北京大学出版社，2015.
[④] 东浩纪.动物化的后现代：御宅族如何影响日本社会[M].褚炫初，译.台北：大鸿艺术股份有限公司，2012.

拟偶像粉丝进行了分析，比如李镕、陈飞扬（2018）的《网络虚拟偶像及其粉丝群体的网络互动研究——以虚拟歌姬"洛天依"为个案》，邱莎（2016）的《穿越"次元壁"——大学动漫文化现状调查与策略研究》，谢辛（2016）的《AKB48 御宅族粉丝的孵化 基于"泛娱乐"语境的二次元粉丝文化形态与电影 IP 衍生策略》，马志浩、林仲轩（2018）的《粉丝社群的集体行动逻辑及其阶层形成——以 SNH48 Group 粉丝应援会为例》等，因此，纵观国内的研究成果，对于御宅族、虚拟偶像迷群的考察比较少，对群体内部进行田野调查的更是凤毛麟角。基于对已有文献的梳理，本书选择虚拟偶像迷群作为研究对象，并制定了田野调查的相关研究方法，期望可以为中国虚拟偶像粉丝文化研究提供一些有用的建议。

第四节　问题意识与理论研究策略

一、问题意识

通过对中西方粉丝文化研究的归纳总结，可以发现 Z 世代粉丝文化研究已经进入多元化方向。但是回顾粉丝文化研究学术史，本书认为学界"Z 世代粉丝社群及其圈层文化如何被生产？"这一关键性问题始终没有答案。回顾中国粉丝 30 年，中国粉丝历经三个不同阶段，且每个阶段粉丝群体都有自己的文化表征、每个时代都在生产不同粉丝群体，那么中国 Z 世代粉丝圈层文化如何被生产？中国 Z 世代粉丝圈层的文化表征是什么？针对这些学术问题，中西方学者尽管都是积极努力地通过各种途径进行解答，但始终未有答案。

在这样的粉丝理论研究的学术史背景下，基于中国急速增长的二次元群体以及虚拟偶像大量出现的社会现状，本书选择虚拟偶像的粉丝群体为研究对象，且以日本初音未来以及中国洛天依的粉丝群体作为主要研究对象。这样选择的原因有三个方面。

第一，虚拟偶像相比其他大众偶像有其独特性。从偶像本身来说，他们在身体的物质层面是完全虚拟的，偶像并不是真实的人，他们的人设和形象几乎完全依托粉丝的同人作品与内容制造。相比大众偶像，虚拟偶像更加依赖粉丝，虚拟偶像对粉丝的意义也更加独特。

第二，初音未来以及洛天依是具有号召力以及影响力的虚拟偶像，拥有庞大的粉丝群体。初音未来是世界上第一位虚拟歌姬，而洛天依是中国首位虚拟歌姬，她们具有极大的号召力与影响力。同时，初音未来以及洛天依在中国有着大量的粉丝群体，远超于其他虚拟偶像的粉丝人数。

第三，虚拟偶像的迷群主要是二次元群体。作为一个特殊的亚文化群体，二次元群体有着非常显著的文化特征。相比大众偶像的粉丝来说，虚拟偶像粉丝非常热衷于制造同人文化，利用数字技术对虚拟偶像进行想象与创作。相比刷数据、充流量，虚拟偶像粉丝更加愿意对偶像进行实际的物质与金钱方面的投入。因此，相比大众迷群，虚拟偶像粉丝群体更具有独特性。

基于上述原因，本书最终选取日本初音未来以及中国洛天依的粉丝群体作为主要研究对象。

针对虚拟偶像的粉丝群体，本书的核心问题围绕两个方面。

（1）中国Z世代虚拟偶像粉丝圈层文化如何被生产？

（2）中国Z世代虚拟偶像粉丝圈层的文化表征是什么？

针对这些问题，本书分别从社会、家庭、媒介、经济发展、文化冲突、信仰缺失等层面进行论述。

二、理论研究策略

（一）研究路径

关于研究路径，西尔斯（Matt Hills，2002）在《迷文化》（*Fan culture*）一书中，把粉丝文化研究划分为四个研究路径，即从消费与抵抗之间研究迷文化、从社群阶层研究迷文化、从民族志角度研究迷文化、从精神分析角度研究迷文化。格雷、桑德沃斯、哈林托（Gray、Sandvoss、Harringto，2017）在《粉丝：在斡旋世界中的身份和社区》（*Fandom: identities and communities in a mediated world*）一书中，也总结了粉丝文化研究的四个路径，即从受众视角的研究、以布迪厄趣味阶级理论基础的社会学研究、从粉丝个体的精神层面的研究及从粉丝群体行为与社会、文化、经济角度的研究。

目前，对于粉丝文化的研究，很多学者以布迪厄的文化概念为理论研究的基础。在传统的二元论权力斗争模式中，粉丝常常被视为权力、资本的争夺者，从詹金斯等人的"文化盗猎者"理论就可以看出粉丝对文化资本以及权力的争夺，而这里资本以及权力的概念就来自布迪厄的社会学理论。西尔斯（2002）在布迪厄的趣味、阶层、文化资本等社会理论的基础上对迷文化进行了分析和梳理。他认为布迪厄的文化区分（culture distinction）给研究者提供了一个全新的理论思维——迷文化不仅仅是一个社群，也是社会层级的反映。之后的研究者从实践、资本、阶层等不同角度对粉丝行为进行了社会学视角的研究。伊兰切斯科（Erancesco，2014）对网络时代的粉丝集资行为进行研究，认为粉丝通过网络平台为偶像集资实质是一种社会行为，粉丝通过这种方式重新界定与偶像之间的权力关系。伊兰切斯科把布迪厄所讲述的个体社会资本理论上升为群体的社会资本，从而重新审视粉丝集资的社会行为对改变偶像与粉丝之间不平等的社会关系[1]的影响。马克·达菲（Mark Duffett，2015）对粉丝的实践活动进行了梳理，认为"实践"才是粉丝行为的核心意义。这里的粉丝实践借鉴于布迪厄的实践理论，但是又区别于布迪厄的实践理论。马克·达菲更加重视粉丝个体的实践，而不是布迪厄所谓的对实践理论本身的反思，但是他们都强调对个体社会实践活动的研究。[2]史蒂文·科尔本（Steven Colburn，2015）从布迪厄提出的文化资本的角度考察粉丝文化，他认为粉丝作为中介者把演唱会现场录制的视频放到YouTube上共享，其实质是对布迪厄文化资本理论的进一步延伸。[3]以布迪厄诸多概念理论为基础进行粉丝文化研究的文章有很多，在此不再过多列举。

前文提到的诸多学者，在布迪厄理论概念的基础上，大多采取对虚拟社区平台观察与记录的方法，而本书则以深入的田野调查方式为主要研究方法，同时对网络虚拟社区粉丝群体行为进行观察记录，采取问卷调查、深度访谈及焦点小组相结合的方法对粉丝群体进行更加全面的调研。在此研究基础之上，进一步借用布迪厄的社会学理论，运用资本、场域、区隔、趣味、惯习等核心概念，对"后粉丝时代"的粉丝文化进行深入的理论阐释，从而回答本书提出的核心问题。这里需要说明的是，布迪厄的社会学理论概念为本书的研究提供了理论框架基础，但是并不代表本书是在验证布迪厄的学术理论。很显然，传统的布迪厄社会理论并不能解释基于互联网虚拟社区的"后粉丝时代"的粉丝现象，因此，本书虽然借用了资本、

---

[1] D'AMATO F. Investors and patrons, gatekeepers and social capital: representations and experiences of fans' participation in fan funding [M] //DUITS L, ed.The ashgate research companion to fan cultures. London: Ashgate Publishing Company, 2014.

[2] DUFFETT M.Fan practice [J]. Popular music and society, volume38, issue1 (February 2015) pp.1-6.

[3] COLBURN S. Filming concerts for YouTube: seeking recognition in the pursuit of cultural capital [J] .Popular music and society, 2015 (38): 59-72.

场域、区隔、惯习等社会学基本概念,但并不拘泥于这些概念内容。本书为这些概念赋予了当代性的文化内涵。

(二)研究方法

本书最初研究方案的设计是对虚拟粉丝社区进行民族志观察,但是在具体研究开展的过程中,笔者发现由于本书研究对象的特殊性,仅仅通过虚拟社区的观察并不能回答本书所提出的研究问题,因此,本书在对网络虚拟社区进行观察的同时,展开线下田野调查,并结合问卷调查法、深度访谈及焦点小组的方法进行更全面的研究与科学的论证。

1. 田野调查法

本书的主要研究方法是田野调查法,按照田野调查的五个阶段展开研究,这五个阶段分别是准备阶段、开始阶段、调查阶段、撰写报告阶段、补充调查阶段。在整个过程中,笔者不仅针对初音未来以及洛天依的几个粉丝社群进行了长期的跟踪,还与他们一起做活动,并且在活动过程中采访了不同视角的人,对几个重点的粉丝展开长达一年的深度调查。笔者还采访了与这个群体有关联的工作人员(漫展工作人员、演唱会工作人员),以及来自非粉丝群体的第三者人群(中学教师、父母、他们的朋友)。在此期间,笔者亲自到二次元文化的发源地——日本京都进行了为期半个月的文化调研。

准备阶段。笔者针对本书的研究对象在网上搜集了相关资料与文献。其中,发表于《中国青年研究》[①]的一篇文章,通过两个月的网络观察的方法对虚拟偶像洛天依的粉丝进行了研究,这篇文章没有涉及线下调研,只是对百度贴吧、微信公众号、哔哩哔哩官方 UP 评论区、QQ 音乐论坛的粉

[①] 发表于《中国青年研究》的这篇文章——《网络虚拟偶像及其粉丝群体的网络互动研究——以虚拟歌姬"洛天依"为个案》,用相对简单的网络虚拟观察法对虚拟偶像洛天依迷群进行了个案分析。

丝评论以及社区活动进行观察与记录。当然，要想解决本书的研究问题，仅仅通过对虚拟社区的观察记录是不够的。但是通过对文献的梳理和阅读，笔者大体对整个虚拟偶像产业有了基础的认识，对虚拟偶像粉丝群体的网络社区活动有了更清晰的了解。通过前期调研，本书首先对虚拟偶像迷群的网络活动场所进行观察与记录。主要选择的虚拟社区为初音未来以及洛天依的百度贴吧、微信公众号、微博、QQ音乐论坛以及网易云的音乐区论坛、哔哩哔哩官方UP评论区。网络虚拟社区的最大特点是模糊观察对象的性别身份，因此在最初的网络观察中，笔者并未得出虚拟偶像迷群以男性为主的研究结果。直到开始参加哔哩哔哩的BML（Bilibili Macro Link，bilibili弹幕视频网创造的大型同好线下活动），笔者才真实地了解到本书的研究对象是一个什么样的群体。

开始阶段。通过前期观察，笔者已经对这群粉丝的性别身份产生了怀疑。为了更好地调研研究对象，笔者参加了2018年10月6日BML的北京演唱会，希望通过这次演唱会可以认识更多的虚拟偶像粉丝群体。买完票之后，笔者在哔哩哔哩会员购评论区看到很多人出票的信息，包括号召大家一起面基①的信息。通过粉丝在哔哩哔哩评论区预留的QQ群号，笔者进入了一个天津面基的QQ小群，一共12人，只有一个是女性。对于这一现象，笔者最初觉得有点奇怪，但是也没想那么多。当笔者接触越来越多的男性粉丝的时候，才发现笔者进入了一个多么庞大的二次元男性粉丝组织。甚至，笔者的第一个采访对象（也是后来跟踪多年的对象），他的朋友圈给笔者的第一印象：他就是一个"女生"。对于这样的经历，笔者在参加几次面基活动之后，就感觉不会像最初那样有那么直接的冲击力了，笔者开始

---

① 面基，二次元常用语，指网络上的基友线下见面。"基"即英文gay。因其与粤语里"基"音相近，所以用"基"来音译。"基友"的本义是指同性恋，而后很多并非同性恋的两个男性朋友，也开始戏谑地互称"基友"。甚至女女之间，也可称为"姬友"，然而男女之间的正常关系则不可以称为"基友"。"基友"之间的见面就被人们称为面基了。

默认本书的研究对象大部分都是男性，至于比例占多少，尚并不清楚。

调查阶段。经过第一次的演唱会以及面基活动，笔者继续参加了2018年10月BML演唱会、Miku①未来有你演唱会、11月中国国风极乐夜演唱会、12月北京IDO漫展；2019年2月洛天依与郎朗跨界演唱会、"元宵祭"漫展、5月1日零次元动漫祭活动、BML以及Miku粉丝后援会以及粉丝三次面基活动、2019年11月上海初音未来演唱会活动。笔者还于2019年2月去日本进行了半个月的文化调研。在调查阶段，笔者深度跟踪采访了8位粉丝，其中，男性粉丝6位（分别为高二、高三、大二、博一以及工作一年和三年的粉丝），女性粉丝2位（分别为高二、博一的粉丝），6位男性粉丝中有3位是洛天依粉丝，1位是洛天依以及初音未来的双粉，2位是初音未来的死忠粉；两位女性粉丝分别是洛天依以及初音未来的粉丝。调查期间，笔者还约他们出来进行了两次焦点小组的访问。此外，笔者还采访了其他二十几位不同年龄、不同职业的粉丝。通过和他们一起做活动，笔者对这一群体有了更加清楚的认识，对笔者来说，他们不再是网络虚拟社区中模糊的面貌与身份。

撰写报告阶段。田野笔记是与调研同步进行的，但有时会因为粉丝活动频繁而没时间进行整理，因为整理笔记要比线下调查花费更多的时间。访谈过程中，我们会随手录音（因为有的访谈一次长达3小时，录音会方便后期进行田野报告的书写工作）。真正系统地整理田野笔记是2019年4月初开始的，我们用近3个月的时间，整理出22万字的田野报告。在整理田野报告的时候，笔者发现有的地方仅仅通过田野调查的方式不足以科学地说明一些问题，比如我们在田野调查时发现男性粉丝占比很大，但这个比例究竟是多大呢？并不清楚。又如通过前期摸排，笔者了解到虚拟偶像的粉丝群体的家庭多为中产阶级，但是整体家庭收入状况是多少？占比是

---

① Miku是初音未来的英文称呼，英文全称为Hatsune Miku。

多少？也不清楚。此外，虚拟偶像的粉丝群体呈低龄化趋势，大部分粉丝是从小学开始，年纪越小的孩子占比重越大，但是各个年龄阶段的具体占比是多少呢？更不清楚。为此，笔者后期对整个研究群体进行了问卷补充调查。

补充调查阶段。在研究的过程中，当笔者发现对研究对象整体状况不太清楚的时候，便决定进行问卷补充调查，问卷补充调查最终收集到711份有效问卷。此外，笔者在整理田野报告的时候，发现有的问题当初并没有调查清楚，于是在后期整理时，根据整理的内容进行调整，并通过微信、QQ采访的方式对调研对象进行了补充访问。

在整个调研过程中，笔者从线上观察进入线下活动，从最开始的无目的的田野调查到后来有计划的多点民族志，研究方案与研究目的越来越清晰。在此期间，重点研究对象依然是虚拟偶像迷群，但是在调查过程中，始终坚持以粉丝群体为中心向外辐射。访问的人群与调研的范围也越来越广，从粉丝个体到粉丝周围人群（如粉丝父母、工作人员等），从粉丝应援、演唱会活动到漫展、面基等，从国内文化调研到国外的文化。由于数字时代的粉丝社区的不固定性，它与传统人类学的社区调研有很大区别，因此从研究方案实践上来说更加适合采用多点民族志的方法。

2. 问卷调查法

根据前期的田野调查，本研究设计了一套二次元调查研究方案。线上线下共发放问卷3.5万份。为了有效激励大家填写问卷，每份问卷填写完成后我们会设置1.1元的红包（线上）或发放一些小礼品（线下）。但是实际操作时，很多粉丝不愿意因为小礼品或者红包"奖励"填写问卷，导致最终收集到的问卷数量与预想的结果出入较大（有效问卷最终为711份）。经过数据清理之后，我们发现当发放问卷数量达200份的时候，数据变化幅度非常小，即除了问卷基数增加了，数据比例并没有什么大的变化，这样看来，200份问卷已经足以说明研究问题了。

3. 深度访谈与焦点小组法

深度访谈与焦点小组是在进行田野调查的过程中展开的。目前深度访谈的对象除了长期跟踪调查的 8 位粉丝，还采访了其他二十几位不同年龄、不同职业的粉丝。他们有的是宅舞爱好者、有的是 Cosplay（简称 Cos）[①]爱好者、有的是售楼部销售者、有的是轻小说爱好者、有的是二次元游戏爱好者……焦点小组法不是传统意义上的在一个固定的场合集中采访，而是根据线下调查的实际情况，随时展开。焦点小组访问的人数最多的一次为 12 人，最少的一次为 3 人。每次访问时间为 1—3 小时，具体时长视具体情况而定。

4. 网络虚拟社区的参与式观察法

针对网络虚拟社区的参与式观察法，本研究主要集中在百度贴吧、QQ 群、哔哩哔哩虚拟偶像官方公众号评论区。调查初期，笔者先关注了初音未来以及洛天依的百度贴吧，有空就进贴吧进行观察与记录，有问题了会在百度贴吧发帖。关于 QQ 群的网络观察，笔者参与了 BML 面基群、Miku 初音未来粉丝后援会群、洛天依粉丝群、华北地区面基群等，并参与群内讨论。在华北地区面基群中，笔者还被任命为管理员。除了线下活动，QQ 群、百度贴吧成为大家平时交流的主要场所。比如 Miku2019 年 7 月香港演唱会以及 BML 上海演唱会，因为粉丝们来自天南地北，所以只能在群里进行讨论、计划行程以及买票等；再如，北京 Miku 未来有你演唱会后粉丝将主办方告上法庭之后，具体的开庭情况，粉丝们也是通过 QQ 群获知的。因此，QQ 群、百度贴吧是本书重要的观察社区。

（三）理论研究工具

本书以布迪厄社会学理论中"资本""权力""场域""趣味""区

[①] 一般指代通过服装、道具、化妆、造型等方式，借助摄影、舞台剧、摄像等形式，对出现在动画、漫画、游戏作品中某位角色或者某段剧情进行现实还原的活动。

隔""惯习"等基本概念为理论工具。有学者认为,布迪厄的"趣味""权力""资本"等理论不再适应当下的互联网时代。但是通过对粉丝文化的实践调查,笔者认为布迪厄的理论依然有着巨大的生命力,只是面对当下的社会环境需要对其进行文化的再阐释。

第一,资本概念。在布迪厄的研究中,资本被划分为"经济资本"、"社会资本"和"文化资本"。布迪厄的资本概念超越了马克思的剩余价值资本理论,他把资本从原有的物质状态延伸至文化符号领域[①],从而使资本与社会文化、权力紧密联系起来。布迪厄对文化的深刻理解突出体现在他建立的"场域—惯习—资本"三位一体的概念模式上,他认为合法的文化形式或趣味标准是场域中被争夺的资源,而这种资源便是一种资本。布迪厄的资本概念是与场域和惯习紧密相连的,在布迪厄看来,"一个人拥有资本的数量和类型决定了他在社会空间的位置,也就决定了他的权力"[②]。若要考察一个社会场域的建构过程,就必须考虑社会资本在其中的运作形式,也必须考虑人在空间中的实践行动。

资本的概念给虚拟偶像二次元文化研究提供了理论研究的方向和基础。虚拟偶像迷群形成于二次元文化场域,而场域的形成则与社会阶层、家庭结构、媒介环境、社会资本有直接关系。研究调查发现,并不是所有的青少年都能够进入二次元文化圈层,只有具备一定的社会条件才能进入,而这些条件就是二次元群体本身所拥有的社会资本。他们通过建构文化形成自己的圈层结构,进而巩固自己的身份和群体认同感。场域中个体资本的数量是在不断变化的,资本数量的获取可以通过各种方式,比如花费大量时间进行偶像应援、购买周边以及演唱会门票等。而粉丝掌握资本的数量

---

① 布迪厄认为以上三种资本的表现形式是"符号资本",从而把非物质的资本以物质化的形式表现出来。
② 朱国华.权力的文化逻辑:布迪厄的社会学诗学[M].上海:上海世纪出版集团,2016:108.

与场域中地位、权力成正比关系，即粉丝掌握的资本数量越多，其地位与权力越高。

第二，文化区隔与趣味、阶级之间的关系。布迪厄的文化社会学认为："文化是社会等级区隔的标志，文化的区隔体系与社会空间的等级在结构上同源，文化从来都不能断绝与社会支配权力之间的姻亲关系。"① 布迪厄认为，趣味是文化区隔的反映，不同社会等级的文化区隔反映不同阶级的文化趣味。布迪厄的趣味富含社会意义，与传统美学范畴中所谓的审美趣味有直接区别，他否认康德哲学中审美被视为一种自然天赋，与社会经济毫无关系的观点，而是从经验层面出发赋予了趣味新的社会属性。布迪厄认为趣味是阶级习性的表现，上层阶级通过将趣味合法化来巩固自己的阶级地位。"趣味作为文化习性的一种突出表现，乃是整体的阶级习性的一个关键性区隔标志。趣味的重要性表现在它是统治阶级场和文化阶级场最重要的斗争筹码。"② 在布迪厄的时代，贵族阶层与普通阶层区分显著，审美趣味因为阶级习性的不同而表现出巨大差异，社会阶级与文化区隔以及审美趣味紧密相关。但是，在中国语境下，由于历史因素，阶级带来的审美趣味的差异并不是很明显，反而是经济地位带来的阶级区分更加明显。

在对 Z 世代虚拟偶像粉丝进行调研的时候，笔者发现经济地位的区分并没有带来非常明显的审美趣味的区别，但是对于进入虚拟偶像圈层的粉丝来说，经济条件又成为最为关键的因素。虚拟偶像周边产品的消费、二次元文化的消费都需要一定的经济实力来支撑，越是核心粉丝，其经济消费越是庞大，其家庭的经济状况也要越好。同时，研究发现，越是经济条件好的地区与家庭，二次元虚拟偶像粉丝越多，可见粉丝数量与经济资本

---

① 张意.文化与符号权力：布尔迪厄的文化社会学导论［M］.北京：中国社会科学出版社，2005：138.
② 朱国华.权力的文化逻辑：布迪厄的社会学诗学［M］.上海：上海世纪出版集团，2016：266.

成正比关系。因此，二次元消费和审美与经济有着紧密的关系，而经济条件又在某种程度上代表社会地位与社会阶级状况。同时，文化又在一定程度上造成了群体的区隔。因此，对于文化区隔、趣味、阶级之间的关系考察，需要结合中国具体的社会语境，从而对布迪厄的文化理论进行新的阐释和解读。

第三，惯习[①]概念。惯习是布迪厄文化社会学实践理论中的又一核心概念。布迪厄认为："所谓惯习，就是知觉、评价和行动的分类图式构成的系统，它具有一定的稳定性，又可以置换，它来自社会制度，又寄居在身体之中。"[②]惯习是一套性情系统，扎根于个体的心智及身体内部，它是个体背后所从属的社会阶级惯习的反映，因此，惯习具有阶级性，同时具有稳定性。个体的惯习行为能够直接反映其背后的阶级从属，你从哪个阶级或者场域而来就会表现哪个阶级的行为习惯。同时，布迪厄指出："惯习（habitus）不是习惯（habit），惯习是深刻存在于性情倾向系统中、作为一种技艺存在的生成性能力，是完完全全从实践操持的意义上来讲的，尤其是把它看作某种创造性艺术。"[③]很显然，布迪厄的惯习概念与其所从属的社会阶级紧密相关，虽然他也承认惯习可以在后期的实践培训中得到训练，但是流淌在血液深处的性情倾向有时候是即便经过教育、练习也难以复制的。

在中国的社会语境之下，由于历史因素，阶级划分不像布迪厄所处的 19 世纪中期的法国社会那么明显。改革开放之后，中国社会的阶级区隔表现出的审美趣味或者性情倾向与中国社会所处的经济阶层有更紧密的

[①] 国内有的学者把惯习翻译为习性，本书采用《反思社会学导引》的译著，把"惯习"翻译作为对布迪厄学说的解释。
[②] 布尔迪厄，华康德.反思社会学导引[M].李猛，李康，译.北京：商务印书馆，2015：158.
[③] 布尔迪厄，华康德.反思社会学导引[M].李猛，李康，译.北京：商务印书馆，2015：152.

关系。这种布迪厄时代的文化合法性在许多国家都呈削弱趋势，艾伦·沃德（Alan Warde，2007）在对英国文化合法性进行调查时发现，布迪厄所谓的传统阶级文化合法性已经消退，高雅与低俗的边界正在变得模糊。① 科恩·范·艾克（Koen van Eijck，2008）在美国和荷兰对高雅文化的研究表明，学校教育水平与高雅文化参与之间的相关性正在下降，这表明高雅文化正在变得不那么精英化。② 同样，研究者在研究虚拟偶像粉丝群体的时候发现，阶级区分带来的审美趣味的影响在中国几乎消失，而经济因素带来的阶级区分更加明显。而在粉丝场域中，经济因素是追星的一个重要条件，当个体进入粉丝场域之后，虚拟偶像的粉丝群体会形成相似的审美惯习，这就涉及了布迪厄所谓的惯习可以通过教育、培训以及不断的实践获得，只不过针对我们的研究对象来说，审美惯习的形成与个体所处的场域实践有更直接的关系，实践的作用对于粉丝审美趣味的形成占比更大。虚拟偶像粉丝群体长期处在二次元文化以及审美的熏陶中，自然会形成相似的审美偏好，而这种审美偏好又会受到所在场域惯习的影响。审美惯习形成之后，在场域中其他人的影响下（比如同伴推荐相关的动漫、立绘），会进一步加强个体的审美惯习。

第四，场域概念。何谓场域？布迪厄指出："从分析的角度来看，一个场域可以被定义为在各种位置之间存在的客观关系的一个网络或一个构型。正是在这些位置的存在和它们强加于占据特定位置的行动者或机构之上的决定性因素之中，这些位置得到了客观的界定，其根据是这些位置在不同类型的权力（或资本）——占有这些权力就意味着把持了在这一场域中利害攸关的专门利润的得益权——的分配结构中实际的和潜在的处境，以及

---

① WARDE A. Does taste still serve power? The fate of distinction in britain [J]. Sociologica, novembre-dicembre, 2007.
② EIJCK K V, LIEVENS J.Cultural omnivorousness as a combination of highbrow, pop, and folk elements: the relation between taste patterns and attitudes concerning social integration [J]. Poetics, 2008（36）: 217-242.

它们与其他位置之间的客观关系（支配关系、屈从关系、结构上的对应关系，等等）。"①针对场域的概念，布迪厄一再强调从关系思维而不是狭隘的结构主义的思维方式去理解场域，他认为场域不是一成不变的，而是存在于时刻的动态变换之中，因此场域的边界难以界定，也不允许任何先验性的回答。"由于资本的不平等分配，场域作为位置空间的结构并不是一成不变的，它是一个永恒斗争的场所。一方面，每个获准进入场域的行动者必然受到场域逻辑的压力，也就是会认同场域的游戏规则，这就是所谓的入场费；另一方面，每个行动者都不同程度地谋求获得更多的资本，从而获得支配性位置。"②在《艺术的法则》一书中，布迪厄把文学场放置于权力场，考察权力对文学场域形成的外部以及内部的各种压力。

场域的概念工具在迷群应用中非常有效。一方面，迷群内部的组织首先就是一个场域，这个场域有着自己的游戏规则。首先，进入场域必须达到一定的入群门槛，比如你必须要了解这个场域的语言规则，不然你根本就听不懂群组织成员在讨论什么，而要参与进去就必须要花费时间、金钱，去了解与偶像有关的内容。其次，进入场域之后，为了生存下去必须遵守游戏规则，即迷群内部规定。比如QQ群、百度贴吧需要改群名片，每天需要为偶像进行群签到，长时间潜水就会被踢出。另一方面，这个迷群场域又同时受到更大场域的规则限制，比如来自偶像官方群的打榜要求（迷群其他的小群就需要号召大家进行偶像应援）等。同样，QQ群也要受到腾讯的权力制约，如果群成员通过QQ群散发淫秽的图片，就可能面临被封群的危险。同时，粉丝群体内部场域也会反过来对更大权力场域进行抗争。比如在我们的调研过程中出现的北京初音未来演唱会事件、鸟巢国风

---

① 布尔迪厄，华康德.反思社会学导引[M].李猛，李康，译.北京：商务印书馆，2015：122-123.
② 朱国华.权力的文化逻辑：布迪厄的社会学诗学[M].上海：上海世纪出版集团，2016：144.

极乐夜演唱会事件等,都是粉丝对官方或者外在场域权力的反抗。这就涉及布迪厄所说的,从关系的角度去考察场域的动态变化,这样就更能全面审视你的研究对象。场域的理论让笔者更清楚地看到了因为文化圈层之间的壁垒、因为对不同文化场域的不了解,造成的文化冲突在当今社会竟如此明显。比如来自三次元的粉丝对喜欢虚拟偶像(纸片人)粉丝的质疑与歧视等。

第五,几个关键概念之间的联系。在布迪厄的社会理论中,基本的概念并不是各自独立、互不联系的,而是紧密相连、相互促成的。"他否认艺术概念的本质论以及艺术家在场域中的决定性位置,他认为应该将概念以及艺术家放置于艺术的场域以及社会关系的文化实践中去考察。"[1] 在《区分:判断力的社会批判》(1984)、《反思社会学导引》(1992)、《文化生产的场域:艺术与文学论文集》(1993)、《艺术界》(1996)等著作里,布迪厄从不同的角度论述了几个关键概念之间的内在联系。"艺术作品可以通过将其视为所有人的协调活动的结果来理解,这些人的合作是必要的,以便艺术工作应该如此发生。"[2] 这里面所谓的艺术作品的合作以及协调活动,就涉及场域中的"资本""权力""阶级""趣味""区隔""惯习"等基本概念,而艺术场域同时又受到来自更大场域中权力、资本、阶级等因素的影响(图1-1)。从布迪厄对场域的法则做出的总结就可以更加直观地看出几个概念之间的联系。第一,他指出场域的构成首先是在权力资本的协调和冲突中形成,其次是新旧阶级之间的冲突;第二,场域背后的本质是对利益资本的争夺,每个人都在为场域中的利害关系以及值得争取的事情做斗争。第三,只有当人们参与到场域的游戏规则中,并且认可场域的规则时,

---

[1] BOURDIEU P. The field of cultural production: essays on art and literature [M]. Warren City: Columbia University Press, 1993.

[2] BOURDIEU P. The field of cultural production: essays on art and literature [M]. Warren City: Columbia University Press, 1993.

场域才能发挥作用。在场域中，资本、阶级、权力、惯习、趣味被动态化而非结构化的实践行为组织起来。

Figure 3.2　Relations of dominance between fields

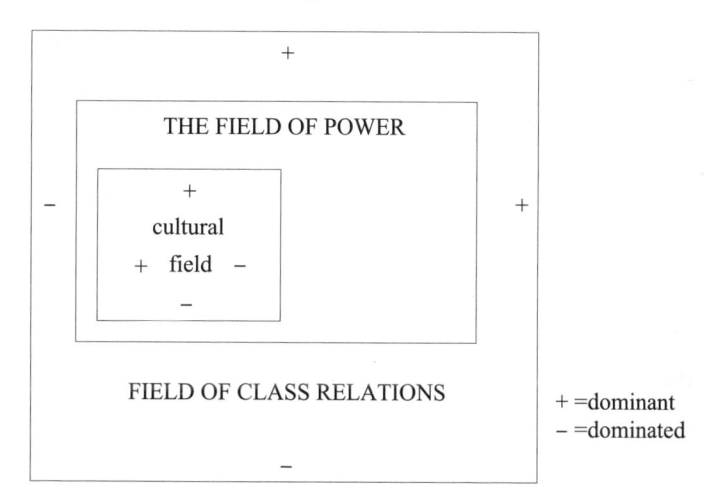

```
                    +
    ┌───────────────────────────────┐
    │      THE FIELD OF POWER       │
    │         ┌─────────┐           │
    │         │    +    │           │
    │         │ cultural│           │
  - │         │+ field -│           │ +
    │         │    -    │           │
    │         └─────────┘           │
    │                               │
    │   FIELD OF CLASS RELATIONS    │    + =dominant
    │                               │    - =dominated
    └───────────────────────────────┘
                    -
```

（Source：Bourdieu 1993：38）

图 1-1　场域内决定性关系元素 ①

布迪厄把资本与权力联系在一起，在他看来一个人拥有资本的数量和类型决定了他在社会空间的位置，也就决定了他的社会权力："资本意味着某一场域的权力，说得明确一点就是指对于过去劳动积累的产物的权力。"② 资本的获得往往跟个人所处的社会阶级紧密相连，处在社会结构上层阶级的群体更容易获得更大的社会资本，也就更容易接近社会权力中心，获得更多的经济、文化资本。同时，不同的社会层级又会表现出不同的审美趣味，审美趣味的差异最终形成不同社会阶层的文化区隔，而不同的文化区隔进一步巩固了场域的构成。需要注意的是，由于社会关系的复杂，

---

① BOURDIEU P. The field of cultural production：essays on art and literature [M]. Warren City：Columbia University Press，1993.

② BOURDIEU P. Language and symbolic power [M]. Oxford：Polity Press，Oxford，United Kingdom，1993.

"资本""权力""阶级""趣味""区隔""惯习"等关键词之间并不是单向影响,而是相互影响的关系。

在本研究中,为什么Z世代二次元男性群体容易成为虚拟偶像的粉丝?这个问题本身就涉及社会各个层面,非常复杂,因此,布迪厄的社会学理论从关系的角度去考察社会动态的过程对于本书的深度研究有更加实际的效用。

第二章

Z世代虚拟偶像粉丝的追星故事

第一节　何谓虚拟偶像

何谓虚拟偶像？虚拟偶像与大众偶像的区别？虚拟偶像粉丝是哪些人？他们是什么样的身份？他们的成长经历如何与虚拟偶像联系在一起？我们会在本章对上述问题进行一一解答。

一、虚拟偶像的概念界定与发展现状

（一）虚拟偶像的概念界定

由于虚拟偶像是近些年才出现的偶像形式，针对虚拟偶像的概念，国内并没有明确的界定，学术界对虚拟偶像的定义也尚未出现统一的标准。但是，不同学者从不同角度尝试对虚拟偶像做出自己的概念界定。有学者认为，虚拟偶像是基于现实世界设计的虚拟人物，并因策划团队的推广而成长为公共人物并拥有一定的粉丝数量；[①] 也有学者认为，虚拟偶像是跨次元、基于现实世界存在的偶像：所谓虚拟偶像，是指以 2D 或者 3D 的形式出现，且用与真人偶像一样的方式进行商业运营的虚拟形象的统称。虚拟

---

① 穆思睿.浅析虚拟偶像的定位及与其它动漫形象的区别［J］.戏剧之家，2018（10）：89.

形象、动漫角色、虚拟歌手等都被划分到虚拟偶像范畴。①

通过对目前虚拟偶像概念的归纳与整理，本书认为虚拟偶像的定义有广义与狭义之分。从广义上来讲，任何虚拟人物形象（包括所有动漫角色、游戏人物、虚拟歌手、虚拟主播），只要有自己的粉丝群体都可以称之为虚拟偶像。从狭义上来讲，虚拟偶像不仅仅是一个动漫形象，他（她）们也有自己的经纪人与经纪公司，与真人偶像一样是一个艺人，需要出道，拥有大量的粉丝群体，能够与现实世界的人进行互动，有自己的作品，还能够代言各种商业产品，是真实世界中的虚拟偶像。如果按照广义的概念界定虚拟偶像，那么虚拟偶像的数量不计其数，如果按照狭义的概念界定，那么国内现在有 30 多位已经出道的虚拟偶像。

（二）虚拟偶像的发展与现状

从广义上来讲，虚拟偶像始于 20 世纪 80 年代的日本。1983 年 3 月，日本剧场版动画《超时空要塞：可曾记得爱》中的人物林明美与声优饭岛真理组成了"跨次元"组合，在当时引发了热议。同时，剧场版动画的成功，不仅把饭岛真理演唱的同名歌曲送上了日本音乐排行榜前几位，也把林明美成功打造成业界第一位虚拟偶像。②

2007 年 8 月 31 日，由克理普敦未来媒体（Crypton Future Media）以雅马哈（Yamaha）公司的 VOCALOID（语音合成软件）③开发的第一位虚拟歌姬初音未来在日本诞生。2009 年，初音未来第一次开个人演唱会，吸引了大批二次元男性群体。此次演唱会的巨大成功，使越来越多的二次元

---

① 卢扬，王嘉敏. 解码虚拟偶像的实体价值［N］. 北京商报，2018-07-06.
② ACGx. 被周杰伦看好的虚拟偶像，到底是什么？［EB/OL］.（2017-09-22）［2024-03-21］. https://www.huxiu.com/article/215892.html.
③ VOCALOID（日语：ボーカロイド）是日本乐器制造商雅马哈公司开发的电子音乐制作语音合成软件。在软件中输入音调和歌词，就可以合成贴近人类声音的歌声。

群体开始成为初音未来的粉丝。2012年7月12日,中国首位虚拟歌姬洛天依诞生,引起了二次元文化圈的巨大轰动。2017年6月17日,洛天依在上海梅赛德斯—奔驰文化中心举行了自己的首次演唱会,并且与中V所有成员一起在演唱会上表演,引发了国内虚拟偶像迷群的追捧。自此,中国虚拟偶像开始真正打破次元壁,正式进入2.0时代。

目前,中国的虚拟偶像从最初的洛天依一人增加至30多人(仅2013—2019年的7年时间)。如2013年出道的言和,2015年出道的心华、乐正绫,2016年出道的星尘,以及后来相继出道的乐正龙牙、墨清弦、徵羽摩柯等人都已经在粉丝中拥有非常高的呼声。这些虚拟偶像有的出道一两年时间就获得了大量粉丝的关注。2017年BML第一次召开BML-VR演唱会(虚拟偶像全息演唱会),一共有9位虚拟偶像登上舞台。而2019年的BML-VR演唱会,已经有29位虚拟偶像登上舞台,包括2017年才在Niconico上传直播视频的绊爱以及2018年10月出道的白上吹雪等虚拟主播。这些虚拟主播在短短两年时间内,在二次元群体中引起巨大的反响并有大量粉丝疯狂追随。2018年、2019年在上海举办BML-VR专场时,开票仅20分钟,门票便已全部售罄,有近10万人次想要去此次演唱会现场。

随着虚拟偶像市场的火热,各大公司开始着力打造虚拟偶像。2017年,腾讯在《明日之子》中发布虚拟偶像荷兹;腾讯动漫与凯撒文化合作,计划将国漫《狐妖小红娘》中"涂山苏苏"这一角色打造成虚拟偶像;周杰伦、方文山名下的公司杰威尔音乐曾宣布推出名为Idoling Project的虚拟偶像项目;虚拟偶像And2girls(安菟)背后的蜜枝科技在2017年12月宣布获得A轮融资;2018年,巨人网络进军虚拟偶像领域,推出虚拟主播Menhera Chan。2018年9月,哔哩哔哩成为禾念(洛天依经纪公司)最大的股东,开始在哔哩哔哩着力推广中V偶像。

需要说明的是,在这些新研发的虚拟偶像中,并不是所有的虚拟偶像都可以像初音未来以及洛天依那样获得成功，拥有大量的粉丝。这是因为虚拟偶像的前期开发需要投入巨大的经济成本，且必须有精确的粉丝定位以及吸引粉丝的偶像作品。无论是大众偶像还是虚拟偶像，除了具备吸引粉丝的偶像人设，还要有能够吸引粉丝的偶像作品。然而，很多公司在研发虚拟偶像的时候，并没有推出相应的偶像作品。初音未来以及洛天依最大的成功之处，除了拥有吸引男性粉丝的偶像人设，还在于她们培养了一大批能够为偶像不断创作作品的粉丝。虚拟偶像对粉丝作品进行演绎，反过来又进一步激发了粉丝为偶像创作作品的欲望，于是，一个良性的互动链条就成功建立起来了。但是粉丝与偶像之间的成功互动是建立在知名作品以及大量粉丝的基础之上的。因此，很多新研发的虚拟人物，在还没成功建立起粉丝与偶像的互动链条之前，就已经销声匿迹了。

随着电子技术的发展，虚拟偶像已经从最初的动漫剧场版人物走向以 VOCALOID 电子音乐作品为主的虚拟歌姬以及动作捕捉技术为主的虚拟主播，内容也从之前单一的动漫游戏内容输出转向音乐、直播、短视频以及线下各类漫展表演活动。每个阶段的代表人物分别为，20 世纪 80 年代初的林明美、2007 年的初音未来以及 2012 年国内虚拟偶像洛天依、2017 年之后的虚拟主播绊爱。她们虽然代表了虚拟偶像发展的三个不同阶段，但是这三个不同阶段并不是分离的，而是重叠存在的，即粉丝既可以追捧动漫游戏里的虚拟偶像也可以热衷于虚拟歌姬或者同时喜爱虚拟主播。

二、虚拟偶像与大众偶像的共性与区分

虚拟偶像与大众偶像的共性是都是偶像，都需要粉丝的支持，都必须有自己的作品。虚拟偶像的周边、演唱会、歌曲、游戏甚至广告代言跟大

众偶像并没有什么区别。在 Z 世代虚拟偶像粉丝的心目中，虚拟偶像与大众偶像是一样的，他们喜欢某个偶像，不仅仅喜欢他的外貌、人设，更喜欢他的作品，这是两者之间的共性。

虚拟偶像与大众偶像的不同之处在于：首先，虚拟偶像是电子技术合成的，而大众偶像是真人存在。正是因为两者的存在方式不同，他们与粉丝互动的方式也不同。大众偶像主要通过开演唱会的方式与粉丝进行线下互动，通过发布自己的歌曲与作品与粉丝进行线上互动。而虚拟偶像主要通过在网络上直播作品与粉丝进行互动。相比之下，大众偶像的优势是可以通过各种线下见面会的方式与粉丝进行亲密互动，而不仅仅限于演唱会。虚拟偶像的优势是不会出现像大众偶像那样的私生活问题，所有角色的运行都由发行或者代理公司决定，更容易保持在粉丝心目中完美的形象与地位。国内将初音未来以及洛天依等以歌手（V-Singer）出道的虚拟偶像称为虚拟歌姬[①]，她们的出道形式，不是依赖于某个动漫、游戏中的人物，而是直接以歌手的身份出道，歌曲是她们的主要作品。同时这些虚拟偶像的作品，几乎都是由粉丝制作完成的，虚拟偶像的存在也是在帮助粉丝演绎他们的作品。

其次，虚拟偶像的制作模式与大众偶像不同。虚拟偶像初音未来以及洛天依演唱的歌曲、PV，甚至人设和形象几乎都由粉丝决定，粉丝与偶像的关系更加紧密，二者是陪伴式成长的关系，粉丝在偶像关系中有绝对的话语权。初音未来与洛天依的性格、歌曲以及外貌形象都是由粉丝的同人作品建构起来的。比如 Crypton Future Media（克理普顿未来媒体）就基于 VOCALOID2 的语音合成软件开发贩售了虚拟歌姬初音未来。这套软件的开发，把初音未来歌曲的制作权下放给了粉丝，粉丝通过这套软件可以让初音未来演唱自己制作的歌曲。很多 UP（大部分是来自民间的粉丝群体）

[①] 本书把初音未来、洛天依以及与她们同类形式出道的虚拟歌姬划归在虚拟偶像这个广义的概念之下，并称她们为虚拟偶像。

也是通过这种方式成为知名的音乐制作人的。这种共生共存的养成式模式，与大众偶像和粉丝的关系极为不同。再如初音未来"葱娘"①的人设，就是因为粉丝为她创作了《甩葱歌》以及"手握大葱"的卡通形象。洛天依之所以被称为"世界第一吃货殿下"，也是因为粉丝为洛天依创作了一首《千年食谱颂》，为洛天依建立了爱吃的人设。而大众偶像的形象与人设更多地掌握在偶像自身的性格特征中，粉丝与偶像的关系虽然也是陪伴式成长的关系，但并没有虚拟偶像与粉丝那样紧密，粉丝在偶像发展与成长的道路上起到的作用也并不是绝对性的，大众偶像有着自己本身的性格特点。因此，从某种程度上来讲，相对大众偶像与粉丝的关系来说，虚拟偶像的粉丝具有绝对的话语权。

三、Z世代粉丝力量：虚拟偶像为何会走红

虚拟偶像为何会走红？这是所有关注ACGN甚至对虚拟偶像现象有所了解的人都会问的一个问题。目前，学术界尚未出现这方面的研究，很多文章都是ACGN业界的人对这一现象的简单分析。归纳总结主要有以下几点：第一，虚拟偶像背后是庞大的二次元世界，随着二次元群体的增加，Z世代虚拟偶像粉丝也在快速增加，为虚拟偶像的研发奠定了良好的受众基础。第二，虚拟偶像从外在形象到作品内容，均以Z世代粉丝创作为主，放大了粉丝的主动权，偶像成为粉丝制造的产物。第三，相较于传统大众偶像来说，虚拟偶像制作以及内容输出复杂程度大大降低，虚拟偶像一首歌曲的制作过程，只需要粉丝自发地作词作曲，而不再需要寻找合适的演唱者。第四，虚拟偶像形象更加贴合Z世代二次元男生的审美偏好。

---

① "葱娘"是ACGN文化中对于以葱作为典型道具的特定"萌娘"的称呼。初音未来因为演唱粉丝创作的歌曲《甩葱歌》被人所知，同时，由于粉丝为其创作了"手握大葱"的可爱立绘，被粉丝们亲切地称为"葱娘"初音未来。

"萌""可爱"是目前二次元虚拟偶像的统一特征,"初音未来是一个16岁少女,身高158cm,体重42kg,有着与日系漫画中最受欢迎的少女角色一样的大眼睛、小嘴、细长大腿和尚未发育完成的胸部"[1]。但是虚拟偶像的粉丝为什么是Z世代二次元群体而不是其他的群体呢?为什么这些粉丝会偏爱"萌""可爱"的元素呢?这些更深层次的原因,已有研究尚未给出详细的分析。

要解释这一现象,必须对Z世代虚拟偶像粉丝群体进行更加深入的调查,而不仅仅是对虚拟偶像现象进行总结式的描绘。虚拟偶像之所以在最近几年迅速火遍二次元市场,主要的原因是粉丝力量,因此应该对粉丝群体进行深入调研。接下来,本书会对这一现象进行总结式的描绘,从粉丝的成长经历、家庭环境、学校教育、媒介变化、个人情感经历等角度进行全面深入的分析。

第二节 Z世代虚拟偶像的男性粉丝

在虚拟偶像市场的核心粉丝群体中,男性实际占比约68.17%(根据本书2019年的问卷调查统计结果,如图2-1所示)。初音未来的男性粉丝比例约为67.9%,洛天依的男性粉丝比例约为70.7%。同时,笔者在田野调查过程中接触的大量粉丝几乎都是男性粉丝,女性粉丝数量非常少。研究者长期深度采访的粉丝有8位(6名男性粉丝与2名女性粉丝),其基本信息如表2-1所示。

---

[1] 澎湃新闻.从初音未来到荷兹:人们为什么会迷恋"虚拟偶像"?[EB/OL].(2017-09-12)[2024-03-21]. https://www.sohu.com/a/191470139_260616.

B女：31.83%

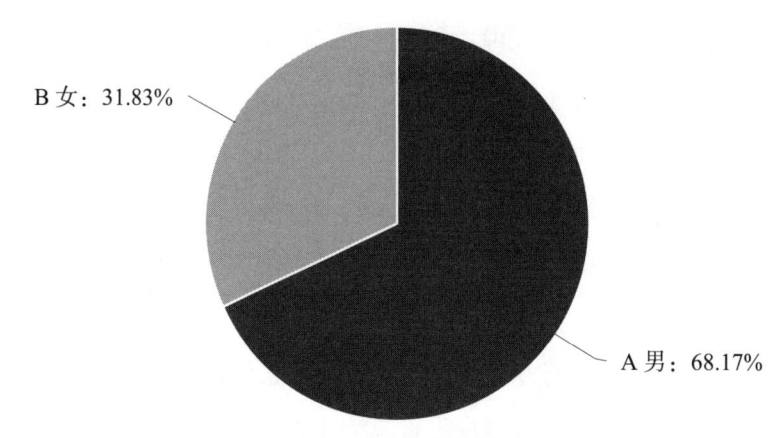

A男：68.17%

图 2-1　初音未来粉丝的男女比例

表 2-1　深度访问对象基本信息表

代号	性别	年龄	教育程度	职业	喜欢二次元年限	田野调查时间
F1	女	28	研究生	博士研究生	13 年	13 个月
F2	女	17	高中	高三学生	6 年	7 个月
M1	男	16	高中	高二学生	6 年	13 个月
M2	男	17	高中	高三学生	7 年	13 个月
M3	男	19	本科	大二学生	4 年	13 个月
M4	男	21	中专	售楼顾问	9 年	13 个月
M5	男	24	本科	地铁乘务	4 年	13 个月
M6	男	24	研究生	博士研究生	9 年	13 个月

　　本节主要介绍几位男性粉丝（初音未来和洛天依的粉丝）的故事，[①]并对他们的成长经历进行归纳总结。

---

① 为了尊重笔者的调研对象，本书中隐去了所有粉丝的姓名。

第二章　Z世代虚拟偶像粉丝的追星故事

一、虚拟偶像与男性粉丝的故事

（一）粉丝M6的故事

M6是河北保定人，1996年出生，是北京某理科院校的在读博士，喜欢初音未来，属于比较典型的宅男。

1. 初识M6

M6是笔者在2018年10月参加初音未来演唱会的粉丝群里认识的。相互加了QQ之后，他告诉笔者他是北京硕博连读的博士。初次在QQ中与M6聊天的时候，他给笔者的印象就是典型的宅男，喜欢动漫，特别是日漫音乐。第一次面基是在初音演唱会当天，在初音未来的场贩①。当在场贩见到M6的时候，笔者很惊讶，因为现实中的他与虚拟世界聊天中的他给人的感觉完全不一样——一米八几的个子，清清瘦瘦的，有点害羞但是又非常热情，跟想象中的宅男完全不一样。他带笔者逛了逛周边，详细地为笔者讲述所有关于初音未来的事情。在后来的深度调研过程中，我们又一起去了女仆咖啡厅、漫展等，渐渐熟悉之后，笔者开始对他进行长期的跟踪采访与田野调查。

2. M6的家庭情况

M6的家庭属于典型的中产阶级家庭。M6的父母都是县城的高中数学老师，妈妈是那种比较强势比较较真的人，爸爸则是说什么都好好好的人。在M6的描述中，父母从不理解他的爱好，认为他喜欢的动漫跟动画片差不多，那么大的人还看动画片有什么意思，他也懒得去解释。M6一直学习很好，学习对他来说比较轻松。在读高中的时候，大家都在为高考题目头

---

① 场贩就是卖家参加各地漫展贩卖本子或者演唱会主办方布置场地售卖同人周边的场所。

疼，他却有时间看番剧以及玩二次元游戏。在父母及周围大人的眼中，M6是一个很乖的孩子。M6说，在大人面前，大人说什么就是什么，自己从来不反抗，就听着就行，但是心里有自己的想法。

3. M6的动漫经历

M6小学时期开始看《火影忍者》《海贼王》《龙珠》，从那个时候开始他喜欢上了动漫。这个跟时代有关，就如"00后"是伴随着《刀剑神域》等动漫成长的一样。M6小时候，番剧还未在中国大陆出现，大家主要是通过杂志、电视看动漫。M6在读高中的时候开始看大量番剧，那时候（2012年左右），哔哩哔哩已经比较火了，中学生都通过哔哩哔哩看大量番剧。但是他们那看番剧的高中生其实并不多，这可能跟他生活在四线城市有关。他读大学之后才发现，周围看动漫番剧的人还真挺多，有时间时大家还会相互交流。

M6说他特别喜欢Galgame游戏。大一时，他开始玩 lovelive 游戏[1]，他当时非常喜欢田园海未，还买了这个游戏里4个人物的手办。

4. M6成为初音未来的粉丝

M6读高中时开始了解初音未来，他当时玩初音未来的PSP歌姬计划游戏，进一步了解初音未来是通过她的歌曲（主要是歌词）。之后买了初音未来的周边、CD，对初音未来的了解就更深入了。看着初音未来一步步变得更好，M6非常有成就感。所有粉丝都是这样的——看着自己喜欢的人物变得越来越好，自己也会有成就感。但是M6真正成为初音未来忠实的粉丝是从2016年听她的演唱会开始的：跟着Miku一起，他觉得非常幸福，之后就一发不可收拾了。

M6说，最吸引他的是初音未来的形象，非常可爱。M6去了初音未来的4次演唱会，分别为2016年和2018年的初音未来北京演唱会，2019年

---

[1] 美少女游戏（Galgame）的一种，即一种可以与二次元少女进行互动的电子游戏。

的香港 Miku 演唱会以及 2019 年初音未来北京演唱会。他说自己每次去初音未来的演唱会，就感觉跟过年一样，跟一群同样喜欢初音未来的人在一起非常开心。

（二）M5 的故事

M5 是江西南昌人，1996 年出生，是初音未来的重度粉，目前从事地铁检修工作。

1. 初识 M5

M5 是笔者第二次面基时认识的粉丝。在初音未来演唱会的前一天，我们在北京最大的漫画书店 Animate 见面。他是一个很清瘦的男生，戴了顶帽子。我们见面时（2018 年 10 月）他 23 岁，刚刚毕业参加工作，是初音未来的重度粉。他之前去过 2016 年、2017 年、2019 年的上海初音未来演唱会以及 2018 年的北京初音未来演唱会，并且计划于 2020 年冬季去日本初音未来的老家看演唱会。

2. M5 的动漫经历

他是笔者采访的所有粉丝中，入宅圈最晚的一位（其他的粉丝都是小学、初中，最迟也是高中入圈，但他是上了大一才入圈的）。他说自己看漫画很早了，从初中开始，但他只追《火影忍者》，连《海贼王》都不看，《火影忍者》可以说是他的情怀之作了。他 2013 年就有了哔哩哔哩账号，但他不看番剧，只看漫画。2014 年《火影忍者》完结，让他一下子失去了追漫画的动力，于是，他又寻回哔哩哔哩的账号开始看番剧。2015 年，M5 上大一，在哔哩哔哩看了第一部番剧——《罪恶王冠》，这成了他的入圈之作。

3. M5 成为初音未来的粉丝

M5 最早接触的虚拟偶像是国内的洛天依、乐正绫以及星尘，那是他在哔哩哔哩的周刊上看到的。之后，他在逛百度贴吧的时候，知道了

VOCALOID 软件,也是在那个时候,他在朋友圈刷到有人去初音未来中国巡回演唱会,然后和朋友聊天时被安利了在日本举办的"魔法未来2013"初音未来演唱会的录播,随后一发不可收拾。他查阅有关初音未来的各种资料、看"魔法未来2014""魔法未来2015"初音未来演唱会的录播。随后,他跟着一位朋友去了初音未来2016上海演唱会,那是他第一次去现场看演唱会,看完之后就彻底成为初音未来的粉丝了。

M5 说自己最喜欢初音未来的形象,接下来是歌曲和人设。在初音未来的公式服[①]中,M5 最喜欢 V4 公式服[②],因为 V4 公式服的初音未来给人感觉更加瘦小、更加可爱。他说自己喜欢的动漫人物就是这种感觉。工作后的 M5 已经没办法像大学时期一样,有大量的时间去漫展和演唱会了。

(三) M3 的故事

M3 是江西南昌人,1999 年出生,北京某理科院校大二学生,虚拟偶像洛天依的粉丝。

1. M3 的家庭情况

M3 的家庭是典型的中产阶级家庭。他的爸爸是北京某高校研究生,毕业之后在边境管理中心工作,目前在国企当领导,妈妈则是工商局的职工。他有一个妹妹,上小学二年级。M3 属于偏胖类型,很宅,话非常少。他到北京两年,除了这次北京演唱会(2018 洛天依北京演唱会),他只在他们学校方圆几公里范围内活动。平时他就在宿舍看看动漫、打打游戏,吃饭就叫个外卖。

2. M3 的动漫经历

M3 说自己从小到大都喜欢宅在家里,不出去玩。小学四年级开始玩养

---

① 虚拟偶像官方对外发布的正式服装,而不是同人绘画服装。
② V4 公式服是初音未来官方发布的第四套公式服,也是最新的一套公式服。

成类游戏①，当时非常喜欢《摩尔庄园》。上初中的时候，M3跟着班里的同学一起卖《知音漫客》，开始追一个动漫——《偷星九月天》。M3读高中时开始看番剧，追的第一部番剧是《织田信奈的野望》，属于穿越后宫剧②，但是由于高中课业比较紧张，M3并没有很多时间看番剧，因此高考结束的那个夏天，他每天都在看番剧，《魔法的禁书目录》《刀剑神域》就是那个时间看的，然后就彻底加入二次元圈，还买了好多番剧以及游戏人物的手办③。M3说，对于自己花钱去看演唱会、买手办、喜欢二次元这件事，虽然父母不反对，但他们那一代人是永远无法理解的。

3. M3与虚拟偶像洛天依

高三暑假，M3第一次接触到洛天依，在听到洛天依的歌曲《普通DISCO》之后，他又在MMD④看到洛天依的舞蹈《极乐净土》，非常喜欢洛天依的形象，之后就开始关注洛天依的歌曲、周边及其他视频。上大学后，M3有时间就会去漫展逛逛。大二上半学期，M3去看了2018年的洛天依北京演唱会以及初音未来北京演唱会（这两次演唱会他都是跟笔者一起去的）。2019年9月，M3去了英国一所高校进行交换学习，所以从2019年3月开始，他一直忙于考雅思以及去英国的各种准备。截至目前M3已经回国。在英国期间，M3也会经常去逛那边的漫展。

M3不太善于表达，习惯了被父母安排。他几乎把所有的零花钱都用在买手办、游戏方面，自己平日的生活则非常节俭。

---

① 养成类游戏（Education Simulation）是一种游戏类型，"养成"是模拟养成类游戏的核心元素。玩家需要在游戏中培育对特定的对象（人或动物），并使其获得成功。玩家可在其中获得成就感。
② 男性题材的穿越后宫剧，一般形式是一个男性穿越到过去或者异空间，跟那里的很多女性展开恋爱关系。
③ 指未涂装树脂模件套件，是收藏模型的一种，也是日本动漫周边中的一种。
④ MikuMikuDance是由日本人樋口优开发的可以将VOCALOID的角色制作为3D模组的免费软件。

（四）M2 的故事

M2 是天津人，2001 年出生，是洛天依的重度粉丝。初识 M2 的时候，他正在上高三（17 岁），虽然要"备战"高考，但他依然会抽出很多时间去参加洛天依的粉丝见面会。

1. 初识 M2

第一次见他是一起去 2018 洛天依北京演唱会，他是非常非常羞涩的男生。他有个妹妹，和他一样也是洛天依的粉丝。家里有很多洛天依的海报、动漫书籍。

2. M2 的动漫经历

M2 小学的时候就开始看各种漫画，主要以日漫为主，如《柯南》《龙珠》等，看得整个晚上不睡觉。M2 小学六年级的时候，洛天依刚刚出道，他也仅限于知道洛天依而已：听过她的一些歌曲，然后在漫展上看到有人 Cos 洛天依。后来，他跟着哥哥一起去上海看的初音未来的演唱会，那是 M2 第一次去看演唱会，也因为完全不了解初音未来，所以还很惊讶——那么多人对着一个假人激动流泪半天是为了什么。M2 刚上初一的时候，学校广播开始播放洛天依的歌曲，开始他还不怎么喜欢，感觉好假。初一下学期 M2 经历了一些非常不开心的事情，正好那个阶段听到很多洛天依的歌曲，这些歌曲给了他非常大的鼓励和勇气，帮助他慢慢走出了困境。他说，那个时期经常听的"妄想症"系列，对当时的他来说非常治愈。洛天依对他来说，就是天使，是一种信仰，一辈子也不会有谁能够替代洛天依在他心目中的位置。

3. M2 与虚拟偶像洛天依

M2 说自己是洛天依忠实的"锦衣卫"[①]，洛天依代言的各种东西他都会

---

① 洛天依的后援会粉丝团的统一称呼。

积极购买。他虽然正在上高三，但是会利用课余时间去各种漫展以及洛天依的演唱会。从2016年开始，他就跑去上海参加洛天依的私人演唱会活动，那个时候还是投屏播放歌曲的那种，都是死忠粉才会去的。2017年开始的演唱会才是真正全息的那种。但凡有洛天依出现的演唱会，M2都会去参加，有时洛天依可能只唱一首歌曲，但是他也会去。他说自己从小学到高中，已经看了几百部漫画和番剧，初中的时候，周围还有很多喜欢二次元的朋友，上了高中，喜欢二次元的同学就少了很多，只有自己一直坚持着。

M2是本书深度采访对象中洛天依的重度粉丝。他看着洛天依一步一步从二次元走向三次元，无比开心。2019年，高考结束之后，他告诉笔者，他要去上海看洛天依的演唱会，填报志愿后，他准备打工赚取参加演唱会的费用。现在的M2在天津一所职业技术学院上大学，依旧坚持着自己的爱好。

（五）M1的故事

M1是河北涿州人，2001年出生，洛天依粉丝。初识M1的时候，他正在读高二，学习成绩一般。

1. M1的家庭情况

M1的家庭条件一般。M1的父母受教育程度不高，在北京做实验器材装备的小生意。M1上小学、初中时，父母没怎么管过他，因为那会儿他成绩还不错。上了高中之后，父母发现他成绩不太理想，对他的管束严格起来。

2. M1与虚拟偶像洛天依

M1说他认识洛天依始于一次腾讯动漫给他推送的漫展信息，他发现洛天依在那个漫展上有表演，于是就搜了一下洛天依的信息，之后就开始听洛天依的歌曲，慢慢通过洛天依的周边、歌曲、视频更多地了解了洛天依。M1认为自己不属于非常疯狂的粉丝，仅仅就是默默喜欢、默默支持。M1上初中时，班里有很多二次元爱好者，大家互相讨论漫画、番剧，一起看动漫、一起去漫展。但是M1的父母完全不理解，极力反对。

上高中之后，由于父母管得比较严，收走了他的手机，对于洛天依的信息他知道得少了，也就没有像初中时那么着迷了，但是他说高考结束之后，他会去看洛天依演唱会，因为她是他曾经一直喜欢的偶像。但是因为家里面管得太严，所以他的心愿并未达成，只是默默支持着洛天依。《海绵宝宝》是他最喜欢的歌曲，所以他叫自己"海绵宝宝"。M1是那种比较乖、比较听话并且有点幼稚的男生。

（六）M4的故事

M4是天津人，1998年出生，中专毕业，虚拟偶像洛天依的重度粉丝。

1. 初识M4

2018年9月，笔者初识M4的时候，他还在一家日企工作，是汽车变速器流水线上的监工。他说这个工作很轻松，是自己的舅舅帮忙给找的，自己中专毕业之后就来这家日企工作了。M4喜欢洛天依4年了，想去上海看演唱会，但是父母觉得上海太远了，担心他一个人去不安全，所以他只去过北京的演唱会。

2. M4的家庭情况

M4的家位于天津的一个乡镇，家里只有他一个儿子，父母也在附近的企业打工，家庭条件一般。每到周末他就从市里租的小宾馆坐车回家。他说父母在市里给他买了一套房子，首付是父母付的，贷款要自己来还，因此花在洛天依身上的钱不是很多。M4上小学时开始看漫画，因为家里就他一个孩子，父母给的钱还是够花的，而且可以用来买漫画。工作后，M4每个月最多的花销除了还房贷就是买漫画，他从来不买哔哩哔哩会员和手办，因为他觉得太贵。因此M4说自己严格来说不算洛天依的核心粉。M4只是喜欢洛天依的形象和歌曲。他还和自己的朋友翻唱过洛天依的歌曲《霜雪千年》，并且上传到QQ音乐以及百度贴吧中。对于洛天依的周边产品，

M4买得也不是很多,特别是工作以后,几乎就不买了。

3. M4与虚拟偶像洛天依

M4上小学时开始看漫画,上初中时开始喜欢二次元。洛天依出道之后,他觉得洛天依人设很可爱、歌曲也不错,就喜欢上洛天依了。他说自己有时间就去逛漫展,但是不Cos,因为Cos花费太高。如果Cos的成本能低一些,他也非常想去试试。(但实际上,在笔者认识的粉丝中,越是核心粉丝在偶像周边的花费越多,花费越多,情感投入也就越多。Cos的成本在粉丝消费中其实并不是很高。)M4初三的时候,超级迷动漫,那时也是他在二次元方面花费最多的时候。反而是工作了,几乎就不买了。但是M4说自己喜欢动漫是从看番剧开始的,不是别人介绍,因为自己周围喜欢二次元的人很少。

4. M4的恋爱与工作

M4上学的时候,谈过两段恋爱,最终都分手了。他说自己喜欢极端类型的女孩,要么很活泼要么很安静。现在,他21岁了,家里人开始催他相亲结婚。2018年11月,M4到养乐多[养乐多(中国)投资有限公司]工作,负责养乐多设备的拆卸、清洗和组装。他觉得这份工作还算轻松,每天还可以看看动漫。2019年2月,由于不太适应养乐多的工作环境,他就辞职跟着一个朋友做起了房产销售。他说做房产销售还是挺辛苦的,工资也不高。从做房产销售起,他就再也没有参与过有关二次元的活动了。他说是因为时间不够,钱也不够,但还会听洛天依的歌曲。2020年1月,笔者约他一起参加北京IDO漫展,他拒绝了。

二、Z世代男性粉丝的共性

通过田野调查,我们发现,男性粉丝的出生时间集中在1995—2000年。尽管来自不同的家庭,但是他们在家庭状况、家庭结构、童年漫画经历等方面存在很多文化共性。

第一，动漫文化对Z世代男孩的童年影响很深。这些成长于Z世代的男性粉丝几乎都是通过漫画、番剧进入二次元世界、接触虚拟偶像的。童年时期，他们都非常喜欢动漫文化，并且通过动漫歌曲或者游戏接触初音未来以及洛天依。在这个过程中，动漫文化对他们成为虚拟偶像粉丝起到了至关重要的作用。

第二，虚拟偶像男性粉丝都喜欢外表可爱的动漫形象。相对而言，这些虚拟偶像男性粉丝长期受动漫文化影响，都非常喜欢初音未来以及洛天依，尤其被其瘦弱、可爱的萌形象所吸引。之后，初音未来以及洛天依陪伴这些男生度过了自己的青葱岁月，这些男生也对偶像的整个形象以及人设有了更加清楚的认识，他们还通过购买周边、CD专辑，增加了与偶像的情感互动，尤其是参加偶像的演唱会使自己变成了偶像的忠诚粉丝。有了这些经历后，虚拟偶像就不再只有空洞的外表，而是陪伴他们走过人生重要事件的有"生命"的具象人物。

第三，家庭条件是虚拟偶像男性粉丝的重要经济支撑。笔者在调研过程中发现，大部分虚拟偶像男性粉丝的家庭条件都不错，尽管有一些男性粉丝的家庭条件没有达到中产，但是他们的父母也为他们提供了足够的日常开销。因为，想要成为初音未来以及洛天依的粉丝，就需要持续不断地在偶像周边、追星、演唱会上花费时间以及金钱。

第四，家庭结构的相似性。这些男性粉丝的家庭结构有着惊人的相似性：父母对孩子的事情尽力包办，除了让孩子衣食无忧，在一些重要的事情上，也会大包大揽。因此，很多男性粉丝形成了比较乖的性格——尽管有自己的想法，但是在行动上还是相对比较顺从。他们除了学习，有更多精力与时间用在追星上。

第五，学校教育也有很多时代相似性。Z世代虚拟偶像男性粉丝大部分在青春期接触动漫文化，而且越来越呈现低龄化趋势。Z世代的青少年所经历的学校教育与他们的父辈有很大不同。那么，具体是什么原因促使这些男性群体走近二次元？什么样的家庭结构与学校教育更容易使这些男生成为虚拟偶像的粉丝？本书会在第三章、第四章、第五章对上述问题展开深度分析。

第三节　Z世代虚拟偶像的女性粉丝

经过本书前文对男性粉丝的介绍可知，目前二次元世界的男性粉丝占比较高。因此女性粉丝入坑的经历与男性粉丝有着极大的不同。同时，相较于男性粉丝来说，去线下演唱会的女性粉丝比例也比较小，本节将要介绍的两位女生是笔者在线下调研的时候认识的为数不多的女性粉丝，她们分别是初音未来以及洛天依的粉丝。同上文一样，虚拟偶像女性粉丝的姓名采用匿名方式。

一、虚拟偶像与女性粉丝的故事

（一）粉丝 F1 的故事

F1 陕西人，1991 年出生，是初音未来的粉丝。2018 年接受笔者采访时，她是北京某高校在读博士。

1. 初识 F1

第一次见 F1 的时候，她穿着 Lolita 服饰[①]，粉色的，非常可爱。她的很

[①] Lolita 服饰是指以哥特风格、甜美风格和复古风格为基础的服饰。Lolita 服饰通常在以"洋娃娃般精致"的具有花边、蕾丝、绑带或蝴蝶结为特点的服饰在基础上进行设计，以诠释某一主题，Lolita 的概念沿自欧洲宫廷、贵族、洋娃娃等。

多衣服都是"软萌妹"款，有一堆的毛绒娃娃，每次出门都会纠结带哪个娃娃出门，并会念叨："好的，今天妈妈就带你出门了。"

2. F1 与初音未来

F1 是一个宅舞爱好者，接触初音未来是为了跟着初音未来一起跳宅舞。2007 年，初音未来刚刚出道，F1 在网吧下载歌曲时下载到了初音未来的歌曲，也是在那个时候她知道了初音未来。中学时，F1 看了很多番剧，她说自己非常喜欢动漫里可爱的形象，也觉得初音未来非常可爱，她的歌曲也很好听。她说自己在 2018 年之前从未去过初音未来的演唱会，主要是因为初音未来的演唱会大部分都在上海举办，父母担心她一个人去不安全。但她会在哔哩哔哩看初音未来演唱会的录播，然后跟着演唱会里的初音未来一起跳。2018 年 10 月，笔者和 F1 一起参加了初音未来在北京举办的演唱会。

3. F1 的家庭情况

F1 的父母都是公司高管。在外人的眼中，F1 从小到大什么都不缺，父母把她的生活安排得很好，但是 F1 认为真实的自己别人是看不到的。她的母亲非常严格，掌控欲也很强。小学、初中的时候，妈妈管得很严，不允许 F1 买画册、看动漫。初三的时候，F1 处在人生低谷期，自闭抑郁。那时，她接触到一部番剧——《地狱少女》，她说，是《地狱少女》拯救了她。高中的时候，F1 开始住校，她跟着朋友一起出 Cos、看番剧，F1 说自己的高中过得比小学、初中要自由、开心很多。番剧留给 F1 的最早的印象就是，现实世界是不完美的，而虚拟世界是完美的。在虚拟世界里，F1 会有一种安全感。

现在的 F1，有时间就跳宅舞，但是不再出 Cos 了，她说现在的漫展里全是小孩，Cos 的质量又不高，coser（Cosplay 的装扮者）长得也不好看，然后就不再去漫展逛了，于是也不出 Cos 了。尽管 F1 已经在读博的阶段，但是她的妈妈对她跳宅舞依然不理解。

（二）粉丝 F2 的故事

F2 是河北保定人，2001 年出生，是洛天依的粉丝。2018 年接受笔者采访时，她 17 岁，是一名高三的学生。

1. 初识 F2

F2 是洛天依的粉丝，曾在初二时去漫展出洛天依的 Cos。她说，初二的时候（2013 年），感觉忽然之间漫展特别火，隔一段时间就有漫展。她们全班都是二次元爱好者，同学们每天都会谈论有关漫展、动漫、番剧的内容，如果自己不去看，就融不进同学圈子。

2. F2 家庭情况

F2 的父母是双职工，家里就她一个孩子，平常父母对她的管教比较严格。与其他虚拟偶像粉丝相比，F2 是那种看起来话很多，但是实际上很孤独的人。上了高中之后，班里的二次元小伙伴就非常少了，周围都是那种努力学习的孩子，讨论的话题不再是有关二次元的，因此感觉自己经常格格不入。她说在现在的高三班里几乎没有什么朋友，常常一个人坐在角落。有段时间，F2 还抑郁了好久，去看了心理医生。她说二次元的世界很美好，给人一种精神寄托，因此她非常怀念初中的时光。

3. F2 与虚拟偶像洛天依

F2 很小的时候就跟着哥哥们一起看漫画、看番剧，也是从哥哥那里听说的初音未来，了解到初音未来在二次元圈里比较火。但是当洛天依出道的时候，二次元圈里非常兴奋，毕竟是中国第一位虚拟歌姬。当时，F2 刚上初中，开始听洛天依的歌曲，她还觉得洛天依的声音很假，但后来，她发现洛天依的很多歌曲超级好听，因此就慢慢地喜欢上了洛天依，自然也就想在漫展上出洛天依的 Cos 了。

F2 非常喜欢跳宅舞。她小时候被妈妈送去学过一段时间舞蹈，但是因为身体条件太差放弃了。宅舞的动作比较简单，也不需要什么基本功，F2

很喜欢。F2 说，宅舞其实不是一个舞种，是因为二次元宅文化的出现，大家才给这种舞蹈起了一个名字——宅舞。与 F1 不同的是，F2 是一个 JK 控，喜欢买各种 JK 制服，跳宅舞也是穿 JK 制服。

二、Z 世代女性粉丝的共性

女性粉丝与男性粉丝有着很大的不同，她们并没有沉迷于番剧、漫画、游戏，很多是因为喜欢音乐、宅舞而开始喜欢虚拟偶像的。女性粉丝很多都是 coser，在二次元的世界里扮演着展示自我的角色。女性粉丝与男性粉丝一样，也非常喜欢可爱的形象，因此在出 Cos 的时候，会选择扮演看起来很可爱的形象。

与男性粉丝一样，女性粉丝也是因为在二次元文化氛围内耳濡目染、慢慢接触，才渐渐喜欢虚拟偶像的，但是在对虚拟偶像的消费方面，女性粉丝并没有男性粉丝那么夸张。虽然她们也会买周边、也会去演唱会，但是她们的花费主要是 coser 的服装。

与男性粉丝一样，女性粉丝也在家庭成长经历方面有着惊人的相似性，在学校经历方面也有很多共性，同样，本书后续章节会对这些背后的原因进行深入阐释。

小　结

首先，通过对虚拟偶像的介绍可知，相比大众偶像与粉丝，虚拟偶像与粉丝的关系更加紧密，虚拟偶像的人设、音乐，甚至很多作品都是在粉丝的创作下诞生的，虚拟偶像的发展更加依赖粉丝们贡献。这种亲密关系，构成了一种互动的陪伴式成长关系（养成式关系）。一方面，制作公司根据粉丝的趣味与爱好创作出符合他们审美期待的虚拟偶像；另一方面，虚拟偶像给予粉丝巨大的创作空间，给粉丝一种共同成长、共同进步的感觉。虚拟偶像粉丝利用 VOCALOID 软件为偶像创作歌曲，当偶像唱出粉丝制作的歌曲，并在演唱会上倾情演唱时，粉丝获得了一种高度的成就感。这种共生共存的互动关系就是虚拟偶像与粉丝之间的一种养成式关系——粉丝在高度参与偶像周边作品的同时，也在潜移默化中被养成为偶像的忠实粉丝。

其次，通过对 Z 世代男性粉丝与女性粉丝的介绍，可以发现这些粉丝有着高度的相似性。第一，他们大部分来自中国中产阶级家庭，家庭结构与教育经历非常相似；第二，他们几乎都是在青少年时期喜欢上二次元文化，通过动漫、番剧、轻小说、游戏、Cosplay、漫展等熟悉二次元内容；第三，动漫对他们的成长，甚至审美产生了深厚的影响；第四，在追星的道路上，他们花费了不菲的金钱，付出了非常多的时间、情感，并最终成长为一名忠实粉。

第三章

粉丝场域：Z世代青少年如何成为二次元粉丝

通过第二章对Z世代男性粉丝与女性粉丝故事的讲述，可以发现，Z世代青少年需要进入二次元场域之后，才能进一步成为虚拟偶像的粉丝。研究发现，Z世代虚拟偶像粉丝有着极为相似的经历与爱好，喜欢看动漫、喜欢去逛漫展、喜欢轻小说与二次元游戏，有着相似的审美趣味。他们懂得二次元场域中的游戏规则与话语体系，当对ACGN文化愈加熟悉，并从"萌新"[①]一步步成长为"大佬"[②]时，就更加容易成为虚拟偶像的粉丝。布迪厄在说到场域的概念时，一再强调要以关系思维而不是狭隘的结构主义的思维方式去理解场域，布迪厄认为场域处在时刻的动态变换之中。因此，本章介绍的番剧、漫展、Cosplay、宅舞、轻小说、二次元游戏等元素并不是独立的个体，而是相互影响的网络元素，是促使青少年一步步成为二次元爱好者、成为虚拟偶像粉丝的重要因素。

---

① 二次元语言，一般的定义是萌萌的新人，表示自己初来乍到。该词最早出自游戏圈，最早指代网络游戏里的各种一知半解的新手。
② 与"萌新"相对应，一般是指在某个方面、某种程度上有话语权的人，一般是资历老、辈分高、说话顶用的人。

第三章 粉丝场域：Z世代青少年如何成为二次元粉丝

第一节 Z世代二次元的动漫番剧、轻小说与游戏

根据对 Z 世代二次元群体发放的问卷调查数据①显示，在二次元群体中，男性占比约为 68.21%，女性占比约为 31.79%，男性与女性的比例约为 7∶3。而在与虚拟偶像粉丝群体面基时，大部分的粉丝也是男性。因此，二次元世界提供的番剧、轻小说与游戏也大部分是为男性服务的。二次元世界的番剧大部分是由轻小说与二次元游戏改编而来，有非常强的粉丝黏性。大部分喜欢看轻小说的男性会去看相应的番剧，对某部游戏非常沉迷的男性也会去看游戏改编的番剧。这就为男性群体创造了一个庞大而且缜密的二次元世界，男性一旦进入这个世界，便会在长期的浸染中变为忠实的二次元爱好者。本书接下来将对二次元番剧、轻小说与游戏对男性群体的作用进行详细介绍。

一、番剧

在田野调查的过程中，笔者在 QQ 群、百度贴吧以及面基过程中，都问过粉丝喜欢看什么番剧，其中呼声最高的是后宫番，接下来是恋爱番、

---

① 2019 年 4—6 月进行的问卷调查数据，一共发放约 3.5 万张问卷，回收 723 份问卷，有效问卷为 711 份。

百合番、少年番、物语番等。那么这些番剧有什么共同的特点呢？Z世代男性青少年如何在番剧里满足自我呢？接下来，本书将对此进行描述。

（一）后宫番

在2018年10月的一次洛天依的粉丝面基会上，有两个粉丝坐在笔者旁边，兴奋地讨论着蕾姆和拉姆，两个人因为喜欢蕾姆和拉姆，瞬间成为"同盟战友"。那个时候笔者对二次元世界所知甚少，不知道他们讨论的是什么，后来才弄明白他们讨论的蕾姆和拉姆是番剧《Re：从零开始的异世界生活》里面的两个女仆。之后，笔者在多个场合中听到很多男生在讨论这部番剧，也在漫展上见到很多女生Cos蕾姆和拉姆，并且会有很多男生非常主动地与Cos蕾姆和拉姆的coser合影。在一次焦点小组的讨论中，笔者问粉丝喜欢的番剧有什么，他们都提到《Re：从零开始的异世界生活》《约会大作战》《刀剑神域》《魔法的禁书目录》等作品。而在番剧系列中，这些番剧统一被称为"后宫番"。

所谓后宫番，实际为后宫动漫，是目前日本动漫中一个非常重要的题材，也是当今较热门的动漫主题之一，因为动漫中的人物关系类似古代帝王与其后妃而得名[①]。在后宫番中，通常是三个或三个以上的女性对一个男主，所有的女性都无条件地对男主产生好感，并且无条件付出。《约会大作战》《路人女主的养成办法》便是标准的后宫番。目前，很多番剧都是伪后宫番类型，伪后宫番不会像后宫番那样，让无数个女性对一个男主无条件付出，伪后宫番虽然也是很多女性与男主保持情感互动关系，但是男主可能只会与其中一名女性保持恋爱关系，其他女性则对男主保持好感，但是最终不会发展成为恋爱关系，例如《Re：从零开始的异世界生活》中的男主最终只与女主爱蜜莉雅在一起，这样的伪后宫番也是属于后宫番。

---

① https://baike.baidu.com/item/后宫动漫。

后宫番的动画类型满足了男性的情感幻想，后宫番的女主大部分都会无条件欣赏与爱慕男主，极大地满足了男性的情感需求，因此男性在虚拟的世界里能够寻找到现实生活中体会不到或者没有的恋爱经历，这也是在动漫番剧的世界里男性居多的主要原因。据前期的网络观察与田野调查，长期占据哔哩哔哩排行前几名的番剧，一定少不了后宫番类型。在 Z 世代二次元男性青少年中，每个人都有自己非常喜欢的后宫番类型。

（二）男性作为"绝对主角"的番剧

在动漫番剧的世界里，除了后宫番，还有恋爱番、百合番、少年番、物语番等，这些番剧中都少不了女性对男性的情感付出。与电视剧不同的是，这些番剧叙事的第一视角都是男性，女性只是作为配角出现，因此，动漫番剧其实是为广大男性服务而存在的。截止到 2019 年 2 月 19 日，据名作之壁排名统计，在销量最高的前十名番剧中，前八名都是男性向[①]番剧，只有《冰上的尤里》《阿松》两部作品是女性向番剧。同时，笔者对 2019 年 4—5 月的番剧进行了统计，排名前十的番剧都是男性向。由此可见，其实在二次元动漫世界中，男性是主要的受众群体。相比之下，电视剧的主要收视群体为女性。

在男性向动漫中，几乎所有的男性都是"绝对主角"。所谓"绝对主角"，是指番剧的主角一般都是男性，女性虽然也是非常重要的角色，但是面对绝对主角的男性来说，女性变成了促进故事发展的配角。这就像很多女性向的电视剧通常以女性视角叙事一样，在这类电视剧中，男性则变成故事发展的配角。那么在动漫中，男性叙事视角可以让一些男性在虚拟世界里实现自己的幻想。番剧某种程度上满足了男性的心理需求。

---

① 为男性服务的番剧，受众主要是男性群体的番剧。

（三）情感上的乌托邦：虚拟偶像的存在

首先，番剧在某种程度上满足了 Z 世代男性群体的心理需求，这个世界对男性来说是一个情感上的乌托邦。在这些番剧中，女性的动漫形象大部分都是可爱、娇小类型，这种女性形象只能在虚拟世界中存在。这也就解释了，为什么会有那么多 Z 世代二次元男生喜欢虚拟偶像。从某种程度上讲，虚拟偶像的存在满足了很多男性对女性形象的幻想。因此，初音未来、洛天依等虚拟偶像的跨次元存在便对这些男生具有巨大的吸引力。目前，在虚拟偶像市场出现的所有虚拟偶像都是可爱、娇小的形象。这些虚拟偶像从二次元世界走向三次元世界，能够像大众偶像一样开演唱会、进行线下互动，不仅打破了次元壁意义，而且实现了虚拟偶像男性粉丝的愿望——虚拟世界的人物也可以进入现实生活。所以，初音未来、洛天依等偶像从虚拟世界中走入现实生活，必定会引发二次元世界的巨大轰动。

其次，以男性视角讲述故事的番剧，非常容易给这些群体营造一种强烈的剧情代入感和一种乌托邦的真实感。比如《我的青春恋爱物语果然有问题》是宅男非常喜欢的一部青春恋爱题材剧。这部番剧开篇便是男主说自己是重度宅男，不知道如何交朋友。然后满屏的弹幕发着同样的感慨："这不正是我么？"

笔者在采访女性粉丝的时候，问她们："明明很多番剧是给男生看的，为什么女生也一样喜欢二次元世界？"

> 在番剧中，我看那种恋爱番也比较少，感觉好多是给男生看的，我不怎么看得进去，我看的都是那种温情的、温馨的，或者能够帮助你度过比较困难的时期的那种番剧，就是在心灵上帮助你。我知道很多宅男，也并不是什么番剧都看，他们会挑自己喜欢看的番剧，比如

《Re：从零开始的异世界生活》里面的蕾姆和拉姆就是能够满足宅男幻想的。(摘自田野笔记)

我觉得番剧留给我的最早的印象就是，我觉得现实世界是不完美的，而虚拟世界是完美的。在那个虚拟世界里，我会有一种安全感。(摘自田野笔记)

因此，对大部分二次元女性来说，她们看的并不是男性向番剧，而是一些能够满足她们的精神需求的番剧。她们一致认为番剧世界本身就是虚拟的，因此当番剧以一种夸张的方式表现出来的时候，是可以被接受的。

二、轻小说与二次元游戏

榎本秋在《轻小说文学论》一书中对轻小说的解释是："轻小说是一种高效地将故事内容传达给读者的通俗的写作手法、是一种使用漫画风格的插画的一种娱乐性大众文学和通俗文学体裁。"[①]

轻小说诞生于日本，与文学小说不同的是，轻小说能够令读者非常轻松地阅读。目前的很多番剧都是由轻小说、漫画改编而来的，大部分轻小说的作者是男性，因此轻小说的写作视角跟番剧呈现的视角一致，大部分是男性视角。很多二次元男性在看动漫番剧的同时，也同样热衷于看轻小说。从2005年起，日本宝岛社每年都会根据读者投票排名筛选出最佳"年度作品"轻小说，并将结果发布在《这本轻小说真厉害！》的书目中，同时会公布"这本轻小说真厉害！"大奖。往往获得此大奖的轻小说，都会被翻拍成同名番剧。比如《刀剑神域》《魔法的禁书目录》三部曲，以及《Re：从零开始的异世界生活》《我的青春恋爱物语果然有问题》等。在

---

① 榎本秋.轻小说文学论［M］.东京：NTT出版社，2008：10.

二次元的世界中，轻小说、动漫、番剧紧密相连，很多二次元青少年在看完番剧之后，便会去看同名轻小说、漫画；或者很多轻小说粉丝也会同步去追番剧。而且很多男生非常喜欢轻小说里女主的插画形象，所以去逛漫展的时候，如果看到某位coser扮演轻小说中的女主，他们也会非常兴奋。

在Z世代男性的二次元世界里，游戏比番剧、轻小说都更具有代入感。笔者在粉丝的推荐下，尝试玩了lovelive、《近月少女的礼仪》、《明日方舟》等游戏，这些游戏的剧情设计不仅与玩家的游戏进度同步，而且会根据玩家的选择发展出不同的游戏剧情。但是这些游戏在设计的时候，默认玩家性别是男性，剧情设计也是为男性服务的。除了《明日方舟》，另外两个都是美少女游戏，这些都是男性向游戏。当然除了男性向游戏，还有女性向游戏，比如与lovelive等美少女游戏相对应的《偶像梦幻祭》就是一款女性向偶像养成类游戏。但是喜欢初音未来以及洛天依的粉丝大部分都是玩男性向游戏，同时女性向游戏本身相对比较少。目前很多知名的二次元游戏都会改编成动漫，也有动漫改编成二次元游戏的，而这些几乎都是男性向游戏。比如《女神异闻录》"Fate"系列、《碧蓝幻想》、《噬神者》、《恶魔幸存者》、《命运石之门》等二次元游戏最后都改编成了动漫，《圣斗士星矢：斗士之魂》《口袋妖怪白金光》《龙珠Z无尽世界》《火影忍者》《进击的巨人》等动漫最后都改编成了游戏。

国内对二次元游戏尚没有定义，笔者采访了很多Z世代二次元群体，他们都热衷于玩二次元游戏，尤其是那种由动漫IP改编的游戏。除了上文提到的，还有情感陪伴游戏、美少女游戏、角色扮演游戏等。尤其是Galgame游戏lovelive中的声优Aqours甚至组成偶像团体在中国大陆演出，具有非常高的人气。他们的粉丝几乎都是宅男，跟虚拟偶像的粉丝群体性别比例惊人地一致，并且两者的粉丝重合度非常高。2019年6月17日，伽马数据（CNG）发布数据称："在近一年首月流水过亿元的手游中，具有明显二次元特征的游戏占比46.9%，共有15款。"① 二次元游戏在手游市场中已占据了十分重要的位置。随着二次元群体的快速增加，二次元游戏也越来越受欢迎。

那么怎么去定义二次元游戏呢？笔者综合粉丝的回答，总结出广义的二次元游戏定义——有动漫风格外衣的游戏，统称为二次元游戏。狭义的二次元游戏是指由动画、漫画、轻小说等二次元文化衍生出的同人游戏、周边游戏，或者对二次元文化做了借鉴的游戏。比如《阴阳师》《崩坏》这种的日式风格的游戏统称为二次元游戏。但是本书的田野调查对象一致认为，仅仅披着二次元外衣的游戏不能算作二次元游戏，二次元游戏最大的特征是它能够像动漫番剧一样让二次元小伙伴感觉到虚拟世界的美好，在虚拟世界中体会到一种爱。

目前，几乎所有的虚拟偶像粉丝都玩过初音未来以及洛天依的"歌姬计划游戏"，他们认为游戏能够带来更加强烈的代入感。"在游戏中我能够更加深切地体会到一种情感体验，这比动漫更加具有代入感。"初音未来的粉丝丸岛②曾这样告诉笔者："我喜欢玩那种二次元美少女的游戏，她们的形象看起来就很吸引人。"小黑枫说："我非常喜欢玩《崩坏》，目前玩了快三年了，非常烧钱，里面的芽衣是我非常喜欢的角色，我还曾经专门到P站③寻找芽衣的立绘。而《崩坏》其实就是一款角色扮演游戏，在游戏中我能够更加直接体会虚拟世界中的人物情感。"由此可见，在Z世代的二次元世界中，动漫游戏对二次元群体的培养是多么重要。

---

① 人民网.二次元游戏占手游近半市场［EB/OL］.（2019-06-18）［2024-03-15］. https://www.sohu.com/a/321278251_114731.
② 丸岛，1997年出生，22岁，大学本科，初音未来的重度粉丝。
③ P站，一个二次元绘画作品同人交流网站，很多二次元爱好者都喜欢上去寻找自己喜欢的图片下载下来。

第二节　漫展、Cosplay、宅舞

当男性或者女性进入番剧的世界之后，便开始渐渐熟悉二次元世界的游戏规则，在成为二次元群体之后，这些少年最大的愿望就是能在三次元世界中看到或者 Cos 自己在动漫中喜欢的角色，于是就渐渐有了二次元群体的大型线下聚会——漫展。去逛漫展的几乎都是喜欢二次元文化的 Z 世代青少年。这些漫展的 Z 世代二次元群体通常分为两拨，一拨是作为 coser（被观看者）出现在漫展的，另一拨是作为游客（观看者）去逛漫展的，但是最终都是为了满足能在三次元世界实现二次元幻想的心理，并在观看与被观看的互动中得到满足。本节将对漫展、Cosplay 以及宅舞展开介绍，进一步分析二次元的线下活动是如何促使青少年成为二次元爱好者的。

一、漫展：参与社交

漫展又称为动漫游戏展览，是动漫爱好者聚集的地方，参与者通常为 coser、游客以及摄影师。在漫展上，来自各地的动漫爱好者可以展现自己、扮演自己喜欢的动漫游戏角色，游客也可以在观看 coser 的过程中、在真实的世界中体验动漫角色。同时，漫展给动漫爱好者提供了大型线下交友、面基的场所，参与者可以在漫展中结交很多志同道合的朋友，从而加强彼此的身份认同。漫展的参与者除了动漫游戏爱好者，还有非常大一部分是赞助商以及同人周边的贩卖者。很多新开发的二次元游戏开发商，都会在漫展上设置展位，通过开展免费的体验活动，达到宣传作品的目的。同人周边贩卖目前是漫展中最为重要的一部分，很多的漫展有三分之一区域都是在贩卖

周边，动漫爱好者可以在逛漫展的过程中购买自己喜欢的东西。在所有的漫展中，都会设置主舞台或表演区，给逛漫展的二次元群体提供一个表演的场地。但是为了确保表演的有序性，通常主办方都会要求表演者提前发送表演视频，经主办方审核通过后才能表演。同时，主办方也会给临时想要表演的小伙伴设置一个相对比较小的舞台，以供这些爱好者自由表演。那么二次元群体为什么喜欢逛漫展呢？除了因为漫展上所有的活动都是围绕二次元群体的爱好设置的，还因为漫展给动漫爱好者提供了一个线下交流的场所。

在漫展上，参与感非常重要，参与感越强，越容易成为二次元的重度爱好者，越会刺激二次元青少年下一次更加积极地参与漫展。笔者在做线下调研的时候，一共去了三次漫展，分别为2018年12月的北京第29届IDO漫展、2019年2月19日的"元宵祭"漫展、2019年5月1日零次元动漫祭活动。第一次漫展笔者是与初音未来以及洛天依的粉丝一起去的，还参与了他们出Cos的整个过程，第二次漫展是笔者一个人去的，第三次漫展是笔者跟女coser和男coser一起去的。笔者感觉最无聊的是第二次一个人逛的漫展，进去两个小时就出来了，主要原因有两个方面。

第一，笔者所涉猎的动漫少。很多coser出的角色是游戏里的人物，笔者根本认不出来这些角色，也就不会唤起看动漫的情感记忆。因为在漫展中看到你喜欢的角色，是能够勾起你当时看动漫或者玩游戏的情感共鸣的。

第二，笔者的参与感太弱。没有小伙伴跟笔者一起，笔者也没有参与到漫展的活动中，自我的存在感几乎为零，就像是一个人在一个陌生的环境里，感觉更加孤独。

在三次漫展中，笔者最喜欢的是第三次漫展。由于是与一群小伙伴一起去逛，看他们出Cos，和他们一起玩漫展中的游戏、一起吃饭、一起讨论舞台上的表演、一起去抽奖玩扭蛋，完全参与其中，觉得非常有意思。而且，经过大半年时间的调研，笔者看了很多番剧，也了解了很多二次元世界的事情，对于漫展中很多coser扮演的角色笔者都能认出来，参与感更强了。同时，漫展上的拍照区、游戏区、表演区、贩卖周边区，其实都是围绕二次元活动设置的，参与的活动越多，就越能融入二次元群体，越能感受到二次元文化带来的乐趣。

此外，笔者在做线下调研的同时，随机对和笔者一起参与活动的二次元青少年做了采访，从他们的回答中，也可以看出漫展上的参与感对二次元群体的重要性。

> 四月水杯[①]：我去年冬天跟家人去广州过冬的时候，在广东中山市参加了一个漫展，漫展的质量还不错，但是体验感极差，因为大家都说粤语，我完全听不懂，不知道在干嘛，主持人也说粤语，连coser也说粤语。语言不通，自己瞎逛，没有参与感。再加上自己一个人，确实感觉不爽。
>
> 小黑枫[②]：我还挺喜欢去漫展的，虽然内容大差不差，但是每次都有新的角色，所以体验感还是不错的。我有时候一个人去，有时候和朋友一起去。我自己去的话，就是看看有没有自己喜欢的角色，然后拍拍照。我高中以及大一寒假跟朋友去我们家附近的漫展，很小。虽然我认识的角色不多，但是有时候在一堆不认识的角色里发现一个认识的角色也是一种不错的体验。

从某种程度而言，漫展是一个大型社交平台。大家除了穿着Cos衣服展现自我、寻找身份认同感，还可以面基交友。笔者在漫展里一边走一边观察，可以看到很多coser互相留下QQ或者微信。比如丸岛Cos的是游戏《女神异闻录》里面的男主雨宫莲，走着走着发现有跟他一样Cos这个角色

---

① 四月水杯，1999年出生，20岁，大三学生，自己没有Cosplay过，只是作为游客去漫展上拍照。
② 小黑枫，2000年出生，19岁，大二学生，有时间就去漫展逛一逛。

的，是一个女生。俩人非常激动，互相拍照、合影留念，并且彼此添加了微信好友。同时，每个漫展上都会设置交友展板，名为"二次元信息交流站"，展板上贴满了便利贴，便利贴上都是二次元小伙伴留下的信息。比如有个天津的名为"Cu7Y 千夜"的小伙伴留言："C 圈萌新，坐标天津，求交好友，想拥有很多很多朋友。"

很多二次元群体，都会通过在漫展上留下自己 QQ 的方式寻找伙伴一起玩耍。这种交友行为，能够更加增强漫展的参与感。比如受访者奈布[①]就通过在展板上留下 QQ 的方式找到了好多一起玩耍的小伙伴，她说这种感觉很好，大家都喜欢同样的东西，很友好，有人一起玩的漫展才有意思。

在漫展上，从参与漫展活动到找到志同道合的朋友一起玩耍，能够迅速增强二次元群体的文化认同与自我认同，能够让刚刚进入二次元文化圈的"萌新"更加热爱二次元文化，从而成为二次元的深度爱好者。因此，在二次元文化中，漫展对青少年成为二次元群体起着至关重要的作用。

二、Cosplay：角色扮演与身份认同

在三次元世界里，Cosplay 群体常常会受到嘲讽。造成这种现象的原因，首先是文化的差异，因为对二次元文化不了解，所以会觉得难以接受。其次是 C 圈人群依然属于少数群体，C 圈文化很难被主流文化所认同。最后是在目前中国的文化中，虽然二次元群体在急剧增加，但是二次元群体依然属于亚文化范围。因此，对 coser 来说，寻找群体的身份认同极为重要。

漫展为所有的 coser 提供了一个大胆展现自我并且实现身份认同的平台。在去漫展的几次调研中，笔者常常听到 coser 们说："三次元对二次元一点都不懂，还要投来邪恶的目光，而二次元人群就比较友好。"一个小

---

① 2019 年 5 月 1 日零次元动漫祭活动中，一起去玩的初中生。

妹妹给笔者讲述了她的经历，有一次，她出片①回来，小区里的大爷对她投来非常不友好的眼神，还说她整天不务正业。另一个女 coser 向笔者讲述了她的父母怎么把她辛辛苦苦攒钱买的 Cos 服给全部扔掉，不得已只能把后来买的衣服放到同学家的经历。可见，对于 coser 来说，要想在三次元世界里获得认同是非常难的。而漫展就为他们提供了一个身份认同的场所，在漫展上，无论你穿什么大家都不会觉得奇怪，如果你角色扮演得非常成功，还会引来大批的摄影跟你集邮②。在这个过程中，coser 会得到极大的认可，从而会更加积极地投入到角色扮演中。

比如受访者奈布，笔者和她一起逛漫展的时候，看到很多男生主动跑过来和她合影，她每次都非常开心和兴奋，她说别人与自己合影是对自己的一种认同，也说明自己 Cos 的人物得到了大家的认同，当然开心了。同样，同去的金木、丸岛也表示在漫展上 Cos 角色并被认可很重要。

  奈布：我非常喜欢 Cos，我 Cos 过 8 个人物了。这次我 Cos 的是游戏《第五人格》里的人物，现在这个游戏特别火。我感觉作为 coser 参与性还是不错的，特别是有人和我一起合照的时候。那天你走之后，我被很多人拍哦，大家应该都还挺认可我的造型的，感觉很开心。并且我本身就是喜欢二次元所以才去的漫展么，这本身就是一种爱好。同时我感觉在二次元里的人要比三次元里的人友好。在漫展上，会有很多小伙伴拉着我一起玩。

  金木③：到目前为止我参加过 8 次漫展，我从初一就开始参加漫展了。这次漫展最开心的事情就是自己成了 coser，之前都是路人，这

---

① 出片是指很多 coser 穿上所扮演角色的衣服出去拍照的行为。
② 集邮，二次元语言，是指与 coser 合影的意思。
③ 金木，2003 年出生，16 岁，高一学生，参加过 8 次漫展，在 2019 年 5 月 1 日的零次元动漫祭活动中，他第一次 Cos《东京食尸鬼》里的角色——金木。

次是被拍的人，还被要求合影，感觉真不错，就是那种被人认可的感觉。一个人去漫展吧，找不到一起玩的朋友的话，就瞎逛，没有这种（Cos）参与感强，所以这次感觉还是不错的。等到下次，我会更加努力出新的Cos人物。

丸岛：我这次Cos的形象展现出来还是有点蠢，但是遇到了同一作品的女生也Cos，这种感觉还是蛮好的，竟然有人跟你一样喜欢这部作品啊，看到有人和自己一样喜欢同一作品同一角色，就会有一种认同感。

通过coser们的讲述，可以发现，其实Cos对coser来说，不仅仅是一种角色扮演，更多的是能够得到群体的身份认同，这才是他们最大的乐趣。大部分的coser也是从漫展上的游客[①]渐渐变成coser的。通过角色扮演深度体验动漫世界的乐趣，把自己喜欢的角色通过Cosplay的方式展示出来，同时能够得到他人的认同，会让coser获得极大的满足感。戈夫曼（Erving Goffman，1959）在《日常生活中的自我呈现》一书中指出，角色扮演有两种功能，一种是有意识社会扮演，另一种是无意识社会扮演。[②]而在漫展中，二次元爱好者的Cos行为其实都是有意识的社会扮演，通过这种方式coser们可以更加直接地进行自我表达。

Coser们在角色扮演中一方面可以通过Cos人物实现自己的乐趣，另一方面可以通过他人的认同得到一种身份认可与自我满足。但是深入反思Cosplay的行为本质，其实是对日常生活的反抗，是对社会规则的打破。在狂欢化理论中，巴赫金把社会生活分为"日常与非日常"，所谓日常生活是指平时的社会生活，非日常生活则是相对于日常生活的概念，主要表现在

---

① 在漫展上不出Cos，只是逛漫展与拍照的人。
② 戈夫曼.日常生活中的自我呈现[M].冯钢，译.北京：北京大学出版社，2008：05.

过节期间，比如狂欢节、万圣节等。在西方的狂欢节、万圣节上，很多平民穿上奇装异服，体验日常生活中没有的经历，从而打破身份、地位、阶级偏见。那么，回归到漫展上的 Cosplay，其实就是一种"非日常"狂欢，通过狂欢行为，对日常生活中的规则进行打破，从而大胆地表现自己，这才是 Cosplay 真正吸引年轻人的地方。而当你从一名漫展上的游客成为一名 coser 的时候，你或许就真正成为一名二次元爱好者了。

三、宅舞——萌系的二次元舞蹈

宅舞是基于二次元文化诞生的一种舞蹈。它源自日本的舞蹈文化，通常是以 ACGN 的音乐为背景进行唱跳的一种舞蹈。宅舞的风格非常可爱，动作难度不大，主要面对的是二次元群体，属于一种萌系舞蹈。以 VOCALOID 制作为主打歌曲的虚拟偶像，是宅舞唱跳区的重要组成部分。因此，在宅舞中有一大部分是虚拟歌手的舞蹈和音乐视频，这就为广大的宅舞爱好者提供了一个宅舞学习平台，由于初音未来、洛天依等虚拟歌手有大量的宅舞作品，因此促使很多喜欢观看宅舞或者跳宅舞的群体迅速认识并喜欢上她们。这部分群体除了喜欢看萌系舞蹈的二次元男生，也有很大一部分是喜欢听虚拟歌手歌曲以及喜欢跳宅舞的二次元女生，而她们也是虚拟偶像女性粉丝的组成部分。

第三节　二次元语言

在未进入二次元群体之前，笔者对很多二次元用语完全不了解。当周围的二次元小伙伴用他们的语言进行交流的时候，笔者完全被隔离在二次元世界之外。二次元用语基于深厚的二次元文化，它更像是一套独立的语言系统，如果你对二次元文化不了解，你就根本不知道这些语言代表什么意思，也就非常难融入二次元群体。

二次元语言的形成扎根于 ACGN 文化，主要的产生渠道为动漫、游戏、同人作品、轻小说、歌曲等。很多的二次元语言交流依托弹幕文化——在弹幕中会出现非常多的二次元语言，并被二次元群体迅速接受和运用。可以说，要想成为二次元青少年、要想成为虚拟偶像的粉丝，就要学会使用二次元语言交流。目前，因为二次元语言多而复杂的现状，还出现了专门为解释二次元语言的"萌娘百科"，里面收录了很多动漫语言，被认为是专门收集动漫术语的百科全书。接下来本书为大家整理了笔者在进入二次元世界过程中，所了解的二次元语言。需要说明的是，由于二次元词汇太多，笔者只能根据自己的田野调查经历挑选出常用的二次元语言进行说明。

一、二次元文字语言

QAQ。是一种网络表情，表示悲伤哭泣的意思。最初是在网络小说中，表示难过的意思，后来被广泛应用到二次元萌文化中，表示悲伤、大哭的意思。通常在 QQ 中与二次元群体聊天的时候，或者出现某个剧情令人难过的时候，弹幕中就会出现 QAQ 的表情。类似的还有 QWQ，同样表示哭泣的意思，不过是哭泣的同时表示肯定。

扩列。"00 后"常用语，意思是请求扩充好友列表，等同于交新朋友的意思。在 QQ 部落、百度贴吧、微博等"00 后"经常出没的网络平台中，经常可以见到求扩列的帖子，后来被广泛用于二次元交友中，在漫展上经常遇到 QQ 扩列。

现充。现充是与宅男相对的一个词语，通常宅男是指宅在家里，没有大志向、大抱负的人，而现充的全称是"现实生活很充实的人生赢家"，该词语内含嫉妒之意，近义词为人生赢家。

元气。通常是指活泼、有精神、做事充满活力、性格开朗、总是乐观向上，情感方面略显迟钝的少女一般被称作元气娘。

二、QQ 表情语言

笔者在与二次元群体进行交流的时候发现，他们几乎不用微信，主要通过QQ进行交流。QQ的主要使用群体为Z世代出生的青少年，而微信的使用群体主要为职场的人。QQ与微信的功能设置有很大不同，比如QQ功能更加多元化，就群管理来说可以设置各种群名片，更能够吸引青少年，而微信则更加简洁，主要是方便沟通。而在本书的调研对象中，"00后"占比为66.53%（图3-1），他们多为初中、高中在校生。他们在聊天的时候，运用的表情与职场群体也有很大不同。二次元群体在交流的时候，喜欢用图片，很少见到用QQ表情包的。当被问道："为什么和我聊天的时候都是发图片而不是QQ表情？"他们说："习惯了，大家都这样发，不怎么用表情包里的图，发表情包就会感觉比较拘谨，自己觉得不舒服。"还有的说："只有跟自己熟悉的人才发这种模糊的但是能表明自己心态的图片，跟不熟悉的人还有老师，通常都不会发的。"

因此，在Z世代二次元圈子里所有的人都发这样的图片，如果有人忽然发个QQ自带表情包，就显得很陌生、很拘谨，就不太符合他们圈子的文化，就很难融入这个群体。"在社交领域，图像相较于文字而言，更能表达出文字表达不出的信息。比如表情包的盛行，可以有效缓解在聊天时话题的尴尬，用一种轻松愉悦的方式进行交流，很多时候在接受度上超过文字载体。"[①] 同时，他们认为这种表情图片更能形象地反映他们的内心世界，比较生动，但是QQ表情以及微信表情就不能表达清楚。

[①] 唐笑，王泽龙."视觉时代"的图像传播与受众心理：以"微信表情包"为例[J]. 青年记者，2019（8）：92.

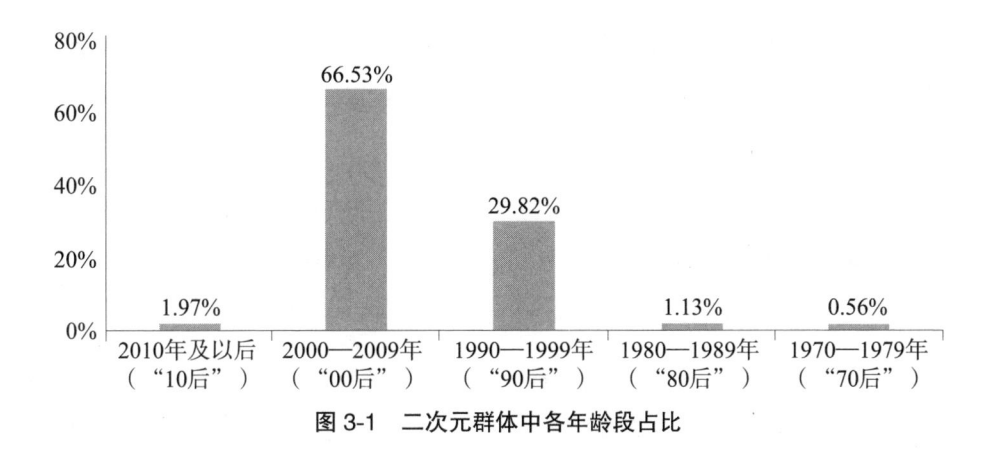

第三章 粉丝场域：Z世代青少年如何成为二次元粉丝

图 3-1 二次元群体中各年龄段占比

- 2010年及以后（"10后"）：1.97%
- 2000—2009年（"00后"）：66.53%
- 1990—1999年（"90后"）：29.82%
- 1980—1989年（"80后"）：1.13%
- 1970—1979年（"70后"）：0.56%

结构主义家索绪尔认为："语言是一套系统，通过符号表达其所指。"[①] 在任何一个群体文化中，语言符号不仅是沟通交流的基础，也是对群体文化的真实反映。但是二次元世界的语言符号更多是通过生动的表情包、数字等进行表达，这种区分与三次元世界的"非语言符号"对于长期活跃于二次元世界的群体来说，用起来如同家常便饭，但是对于三次元群体来说，二次元语言的存在反而造成了不同群体交流与理解的屏障。"我们对种种非语言性的符号系统以及各种不同意义的'行为式样'和'文化现象'的读解，都是通过语言的描述来实现的，语言是符号乃至任何其他意指系统不可或缺的中转站。"[②] 在二次元语境中，很多语言已经脱离了之前的文化内涵，被注入新的含义。但对于二次元群体来说，这些语言更能表达他们内心的真实情感，因为在虚拟世界中，只有通过更加直白的语言符号才能让对方明白自己内心的真实情感，才能让对方即便隔着屏幕也能感受到彼此的心理变化，这也从侧面反映了二次元群体渴望交流的心情。

同时，由于二次元群体的分散性，二次元虚拟社区成为语言交流的主要平台，比如哔哩哔哩、百度贴吧、微博等虚拟平台，特别是哔哩哔哩弹

[①] 索绪尔.普通语言学教程［M］.高明凯，译.北京：商务印书馆，1980.
[②] 肖伟胜.巴尔特的文化符号学与"文化主义范式"的确立［J］.西南大学学报（社会科学版），2016，42（1）：114.

幕文化承担起了语言交流的重任。通过发送弹幕，二次元语言在二次元群体中被广泛传播。因此，如果想要进入二次元圈子，必须要通过在哔哩哔哩看番剧或者看其他视频的方式去学习和体会二次元语言。很多粉丝告诉我，他们最初也都是通过各种渠道看动漫，但是最终都会集中在哔哩哔哩，因为哔哩哔哩的弹幕要比其他视频网站有意思、有质量。笔者就是在观看番剧的过程中，通过弹幕学习二次元语言、体会二次元语言的。

当你能够娴熟地运用二次元语言跟别人聊番剧、游戏、轻小说的时候，当你能够在漫展中体会到乐趣的时候，当你开始 Cos 人物并被他人认同的时候，你的 ACGN 的文化圈便被完整地建立起来了，你会自然而然接触到初音未来以及洛天依，即使不会成为粉丝，也会对她们产生好感。本书将在第四章进一步讲述，二次元青少年是如何进一步成为虚拟偶像粉丝的。

第四节　萌文化的审美趣味

在二次元世界中，最重要的文化便是萌文化，几乎所有的二次元元素都离不开萌元素。萌元素最早出现在日本书画中，20 世纪 90 年代初期，萌文化开始在日本御宅族中普及开来，动画、漫画、游戏、轻小说等领域中让人产生萌情感的角色也开始涌现。萌文化最早用于形容可爱的女生，后来也开始用于形容可爱的正太男生。随着萌文化的影响力不断扩大，萌文化开始从二次元亚文化领域进入大众文化领域，所有与可爱有关的元素都被称为"萌"。日本学者东浩纪认为，20 世纪 90 年代之后的日本动漫文化已经从之前的"物语消费"转为"数据库消费"。[1] "物语消费"时代，日本所经历的大时代是沉重的，动漫世界也是深层次的大叙事（当时的御宅

---

[1] 东浩纪. 动物化的后现代：御宅族如何影响日本社会 [M]. 褚炫初, 译. 台北：大鸿艺术股份有限公司, 2012.

••• 第三章 粉丝场域：Z世代青少年如何成为二次元粉丝

族看重的是作品背后深层叙事）。而到了1990年，动漫世界的叙事开始从深层次的世界观大叙事转向表层审美，即新一代御宅族最为关心的"萌要素"。东浩纪指出，从《新世纪福音战士》以后，作品最吸引受众的首先是"人设"，"人设"被分解为"萌"与其他元素的任意组合，这也就是"数据库消费"时代。[①] 而冈田斗司夫最初所谓的"物语消费"正随着新生代御宅族的出现渐渐消失。[②] 在中国同样如此，"80后"的二次元爱好者更加看重番剧背后的世界观与大叙事，而最吸引"90后""00后""10后"眼球的是人物是否具备"萌"要素，即"萌文化"的审美趣味。正如前文所讲，番剧、轻小说、游戏、漫展、Cosplay、宅舞几乎都与"萌文化"有关。后文将针对二次元群体如何在ACGN文化中形成萌文化审美趣味展开详细论述，同时揭示虚拟偶像人物形象与粉丝审美之间的内在联系。

一、ACGN文化中的萌元素

萌文化是基于ACGN文化发展起来的，在所有的动画、漫画、游戏、轻小说中都可以看到可爱的动漫形象。其中最常见的就是兽耳娘[③]。兽耳娘是ACGN文化中的萌属性之一，也是许多动漫的经典人设。在漫展中，经常会见到穿着兽耳装的coser，那些装扮可爱的coser也往往会引来大批宅男拍照与合影。与此同时，很多女coser在Cos人物的时候，通常没有非常喜欢这些角色所出演的番剧或者游戏，她们有的甚至没看过这些番剧或者玩过这些游戏，她们出Cos单纯是因为对那些看起来可爱的动漫人物形象

[①] 东浩纪. 动物化的后现代：御宅族如何影响日本社会 [M]. 褚炫初, 译. 台北：大鸿艺术股份有限公司，2012.

[②] 大塚英志. "御宅族"的精神史：1980年代论 [M]. 周以量, 译. 北京：北京大学出版社，2015.

[③] 兽耳娘是拥有动物耳朵的女性人物的代名词。兽耳以女性最为多见，故有"兽耳娘"之称。

的喜爱，于是就 Cos 这个人物形象。因此，在 ACGN 文化中，一个动漫人物是否具有萌元素对二次元群体来说是至关重要的。

二、萌文化审美趣味的塑造

在二次元萌文化的熏陶之中，二次元群体非常容易形成相似的审美趣味——萌审美。布迪厄在提出惯习理论的时候，认为社会阶级因素会影响个体的审美趣味，同时他又指出实践对审美形成的塑造作用，即可以通过训练形成自我的审美品位。由于二次元文化属于一种新兴的文化，阶级对于二次元审美趣味的作用微乎其微，而实践的作用对二次元青少年的审美形成有着至关重要的影响。可以毫不夸张地说，二次元群体的萌文化审美趣味是塑造形成的，而不是社会阶级所带来的审美惯习。二次元群体长期浸染在萌文化的环境中，看着可爱的动漫人物形象，就会形成自己的审美趣味，久而久之就会形成一种固定的审美惯习。因此，在二次元文化中，萌文化的审美趣味是一种社会行为实践，而非布迪厄所谓的阶级惯习。

除了宅舞，萌文化审美趣味进一步影响着二次元群体的生活喜好，萌审美已经渗入他们的日常生活。在调研中，笔者发现很多二次元群体都有"吸猫"行为。笔者经常在 QQ 好友动态以及微信朋友圈看到这些二次元男生、女生发有关猫的照片。后来，笔者在问卷调查中特意设置了关于喜欢什么动物的选项，不出意料，54.43% 的人喜欢猫（图 3-2）。几个粉丝以及二次元的爱好者告诉笔者："相比狗来说，更喜欢猫，虽然有的狗也很可爱，对于自己为什么喜欢猫，那倒是没有想过。""猫看起来很可爱，但是有的狗看起来很凶。""可能跟动漫作品里，可爱的女孩子有时会以猫或者兔子之类可爱的动物的形态出现有关系，显得很可爱，所以就觉得猫很萌。另外把猫抱在怀里的感觉更好。"因此，吸猫行为最直接的原因是长期在动漫的熏陶下形成的对可爱、萌元素的审美喜好。王畅在他的论文中将吸猫与丧文化、萌文化、治愈文化结合起来,对吸猫社区进行文本分析之后,得出"云吸猫"之所以会存在是因为人的心灵太孤独,需要通过吸猫进行心灵治愈的结论。[①] 不可否认,现代社会中人的孤独感是需要通过某种方式进行心灵治愈的,但是对于吸猫这一现象背后的社会行为并不是简单的心灵治愈,还有来自这一群体相似的审美趣味的影响。而对于二次元群体的萌审美,笔者认为 ACGN 文化是塑造其形成的重要的社会原因。

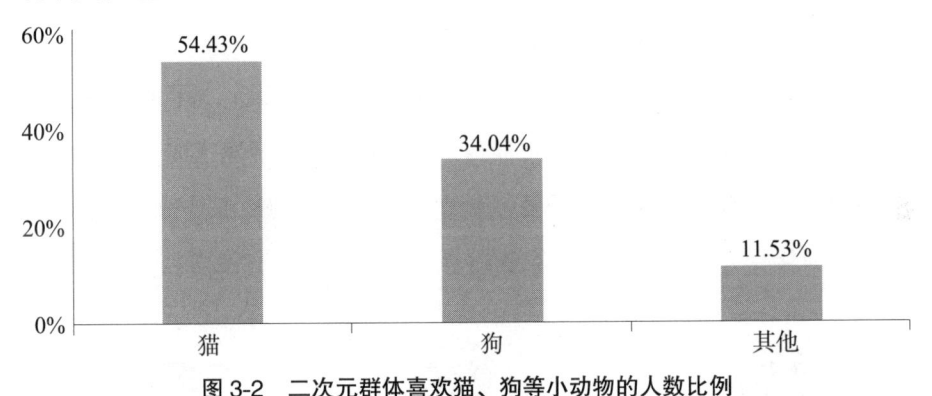

图 3-2　二次元群体喜欢猫、狗等小动物的人数比例

三、虚拟偶像的人设:萌元素与幼龄化

喜欢虚拟偶像群体的男性粉丝都有着相似的审美趣味。通常虚拟偶像的人物形象设定,都离不开萌、可爱、幼龄化的元素。在线下调研中,笔者对初音未来、洛天依的粉丝进行了采访——如果要给虚拟偶像形象、声音、歌曲排序,最吸引你的是什么?所有男性粉丝都回答形象排第一。粉丝 M5 说:"在初音未来的造型中,最喜欢的是 V4 公式服,少女感还有幼龄感最强,因此最喜欢 V4 公式服。"粉丝 M6 说:"我是先被初音未来的形象吸引,就是喜欢 Miku 的俏皮可爱、呆萌感性的形象。"粉丝 M3 说:

[①] 王畅.乌有之猫:"云吸猫"迷群的认同与幻想[D].杭州:浙江大学,2018.

"我喜欢洛天依是因为形象可爱,接下来是声音,最后才是歌曲。我喜欢的很多偶像都是可爱的,比如我喜欢一个声优花泽香菜①,长的就很可爱。"与此同时,笔者也采访了喜欢初音未来的女性粉丝,一位名叫墨儿的粉丝说:"在初音未来所有的公式服中,我最喜欢的是新出的 V4 公式服,V4 公式服造型整体给人一种很幼态、很可爱的感觉,就会增加我的保护欲。"(图 3-3 是初音未来的系列公式服,从左到右分别是 V2 公式服、V3 公式服、V4 公式服,最受粉丝欢迎的是 V4 公式服)

由此可见,虚拟偶像的人物形象是按照二次元群体的审美趣味塑造的,因此当初音未来、洛天依等虚拟偶像被塑造的时候,其形象是否可爱,是否符合二次元审美趣味至关重要,这直接关系着虚拟偶像能否被广大二次元群体所接受。

图 3-3 初音未来历代公式服

除了萌元素的设计,幼龄化也是虚拟偶像人物形象中至关重要的元素。通常来说,形象非常萌的动漫人物,都会给人一种幼龄化的感觉,而这种幼龄化的情感刺激,又会激起二次元宅男宅女的保护欲。奥地利动物学家康拉

---

① 花泽香菜是很多宅男心目中的女神,被称为"宅男女神",喜欢虚拟偶像的男性粉丝,很多都喜欢花泽香菜。

德·洛伦兹（Conrad Lorenz）提出了"幼体滞留"的观点——喜欢具有幼体特征的形象是人类的天性，而年幼孩子的可爱可以激发成年人的养育之心，并确保年幼的孩子得到适当的保护，这是确保人类延续的进化适应。洛伦兹还指出，有证据表明，人类与可爱的动物互动的频率更高，因为它们具有大眼睛、大头、短鼻子和其他可爱的特征，这也解释了为什么我们通常喜欢把猫和狗作为宠物。[①] 而之后不少学者的研究进一步证实了洛伦兹的理论。例如，成年的人类与婴儿互动很频繁；可爱特征与脸部对人类的吸引力似乎都大同小异（哪种文化都一样）。因此，幼龄化与萌是紧密相连的元素。

受访者芽衣是初音未来的粉丝，同时也是绘画专业的学生。他从专业角度给笔者分析了如何绘画动漫人物才能给人萌以及幼龄化的感觉：很多新生儿以及幼儿都非常可爱，这些小孩的五官比例——眉毛到额头：眉毛到下巴 =1∶1，越是小孩，额头占的比例越大，随着年龄增长，额头占的比例就会缩小，就没有小时候看起来那么萌了。他还说，之前有人做过研究，额头∶眉毛到鼻子∶鼻底到下巴 =1∶1∶0.9，真人比例符合这个的，就会很萌。他认为小孩容易引起人的保护欲，所以小孩的五官比例是符合萌元素标准的。那么那些符合这个五官比例的女生，就容易给人一种很萌的感觉，给人一种幼龄感，就容易激起人的保护欲。

因此，虚拟偶像要想吸引广大的二次元群体，人物形象设计首先要符合二次元群体的审美趣味——萌元素与幼龄化。但是，在广大的青少年中，为什么偏偏只有这一部分群体进入二次元、喜欢萌文化并且形成了固定的审美趣味呢？这就涉及二次元群体背后的家庭结构与社会经历了，关于这一部分内容，将在第五章进行深度剖析。

[①] 澎湃新闻.萌文化为何流行：二次元、治愈系与成人的"儿童化"［EB/OL］.（2017-11-03）［2024-03-15］. https://weibo.com/ttarticle/p/show?id=2309351002454169952637668237.

第五节　二次元场域中各元素的网络构型

在布迪厄的场域理论中，场域没有边界，场域中各元素的空间关系是一个网络构型，它们相互影响、相互作用，时刻处在动态变化中。"从分析的角度来看，一个场域可以被定义为在各种位置之间存在的客观关系的一个网络或一个构型……场域界限的问题是一个难以回答的问题，哪怕只是因为这个问题总是一个场域内部的关键问题，也不容许任何先验的回答。"[1]针对二次元场域来说，它的场域处于动态并且不断生成[2]的过程中，所以难以明确划分二次元场域边界，但是并不代表二次元场域没有边界，正如布迪厄后来补充所说："场域的边界只能通过经验研究才能确定。"[3]对于二次元文化来说，它是一个开放场域的同时又是一个相对封闭的场域。它随时欢迎、接纳新的成员与文化元素进入，但是由于其文化的独立性与专业性，反而形成了自己的文化边界。本节将努力把二次元场域中的各种元素的空间关系用网络构型图联系起来（图3-4），以此分析各元素之间的内部联系与相互作用。

另外，布迪厄认为场域背后是社会权力的集中体现，各元素在场域中所占据的位置关系是由社会权力决定的，一个小的场域要受到来自外界其他场域中的社会权力的影响，场域其实是一个权力争夺的空间。布迪厄指

---

[1] 布尔迪厄，华康德.反思社会学导引[M].李猛，李康，译.北京：商务印书馆，2015：122-126.
[2] 华康德在与布迪厄进行对话时指出，场域既有恒定不变的特性，又根据场域特点具有千变万化的特性，这就要求对每个场域都进行生成性分析和比较性研究，生成性是每个场域的动态特性。
[3] 布尔迪厄，华康德.反思社会学导引[M].李猛，李康，译.北京：商务印书馆，2015：122-126.

第三章　粉丝场域：Z世代青少年如何成为二次元粉丝

出："正是在这些位置的存在和它们强加于占据特定位置的行动者或机构之上的决定性因素之中，这些位置得到了客观的界定。"[①] 不可否认，在中国，整个二次元世界作为一种亚文化不可避免要受到大众文化与主流文化权力的影响，也会受到来自外界场域权力的影响，这一部分将在第六章"Z世代粉丝圈层的文化区隔与身份认同"中详细介绍。后文主要探讨二次元场域内部各元素的作用与相互影响。

如果从二次元内部场域进行考察，各元素在场域中所处的空间关系与社会权力并没有决定性的关系，二次元场域内部的权力争夺也并不明显，这与布迪厄的场域理论有所不同，二次元各元素之间更多是相互影响、彼此作用的关系，最终的结果是促使部分青少年逐渐变成重度二次元群体。在二次元场域中，各元素的作用是实现二次元群体的情感积累，情感积累越多，越容易沉迷于虚拟的二次元世界。如图3-4所示，在整个ACGN文化中，根据你参与的程度，判断你是否容易成为某部作品的粉丝。

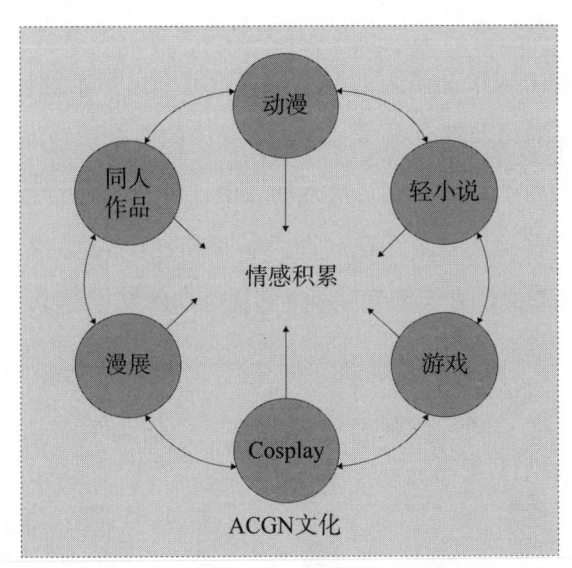

图3-4　ACGN文化中情感积累来源构成

---

① 布尔迪厄，华康德. 反思社会学导引[M]. 李猛，李康，译. 北京：商务印书馆，2015：122-123.

举例来说，如果你看了轻小说《Re：从零开始的异世界生活》，你便会去看它的同名漫画，之后也会去看这部番剧、去玩它的游戏。但是这个过程并不是单向影响，而是多向影响。你也有可能先看了番剧，之后才玩了游戏、看了轻小说。但是只有你参与得越多，你对这部作品投入的情感才会越多。目前，这部轻小说已经出了同名漫画、番剧、游戏，如果你都参与了，那么你就可以称得上是这部剧的粉丝了，如果你不喜欢这部作品你也不会体验它所有的同名作品。正如受访者——洛天依粉丝小黑枫所说："我最喜欢的《崩坏3》手游，官方首部原创连载动画《女武神的餐桌》将要在6月28日开播（该网络动画已于2019年6月28日发布），我一定要追这部番剧，因为这是我最爱的手游之一。"同样的情况，也可以解释虚拟偶像为什么能够有大量的粉丝。因为虚拟偶像初音未来以及洛天依，不仅有自己的歌曲作品，也有自己的游戏作品，还有粉丝创作的同人作品，如果你去Cos初音未来，或者买初音未来的手办，那么你对初音未来的情感积累就会越来越多，就会进一步从二次元爱好者成为初音未来的粉丝。

笔者对初音未来以及洛天依粉丝的消费范围进行了统计（图3-5、图3-6），发现所有的粉丝都会参与二次元文化中的各个消费项目，可见要想成为虚拟偶像的粉丝，就要在二次元场域中，参与所有的活动。至于为什么两个群体的消费比例差距会这么大，本书将在第五章"Z世代粉丝的文化生产——粉丝形成的社会因素"中进行详细的解释。

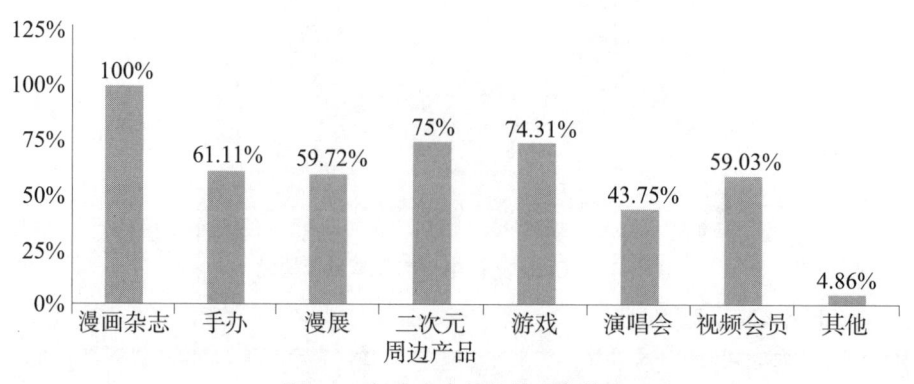

消费项目	比例
漫画杂志	100%
手办	61.11%
漫展	59.72%
二次元周边产品	75%
游戏	74.31%
演唱会	43.75%
视频会员	59.03%
其他	4.86%

图3-5 初音未来粉丝的消费范围

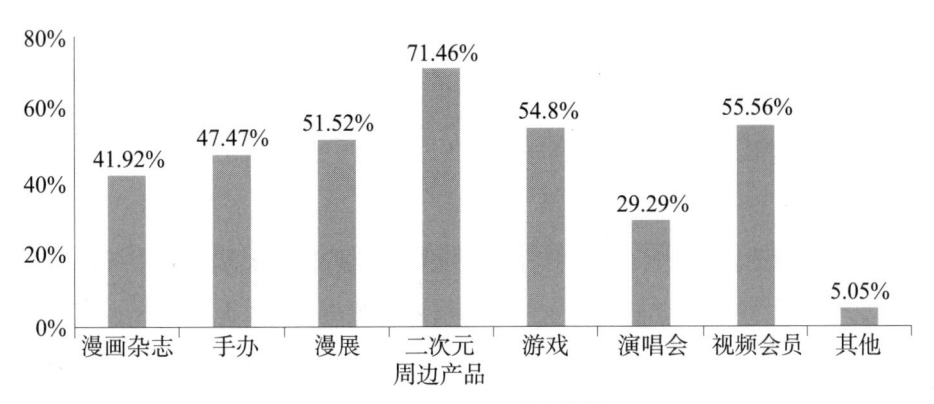

图 3-6　洛天依粉丝的消费范围

小　结

本章详细介绍了二次元场域中的番剧、轻小说、漫展、Cosplay、宅舞等文化内容，并对二次元语言符号系统和审美趣味进行了详细分析。这些元素在二次元文化世界形成了一个动态的网络构型，它们相互影响、相互作用，建构了一个完整强大的二次元场域，潜移默化地影响着所有进入这个领域的人群。不可否认，二次元场域是一个拥有完整 ACGN 文化的场所，它虽然看不见边界，但是这个场域有着鲜明的语言符号、审美趣味与文化内容，因此形成了一个完整的文化领域。

另外，在成为二次元爱好者以及虚拟偶像粉丝的过程中，需要特别注意的是"情感资本"的积累。在布迪厄的资本概念中，"情感"一词并未纳入他的学术版图。但是，对于本书的研究对象来说，情感资本非常重要。这里的"情感资本"的积累包括粉丝作为免费劳工（labor）付出的情感性劳动，同时也包括粉丝在追星过程中所付出的时间、个体行动，以及公共记忆所积累的个体"情感资本"。前者的情感性劳动是指虚拟偶像粉丝出于对偶像的喜爱而无偿为偶像的劳动付出，比如为偶像创作歌曲、绘画、

PV、制作 MMD 等。后者的情感性劳动主要是粉丝在听歌、玩游戏、阅读同人作品过程中产生的非物质劳动价值。前者的劳动形式更加明显，后者的劳动机制则更加隐匿，很多粉丝在无意识当中已经成为粉丝文化工业中的一个环节。

综上所述，在进入二次元场域，并进一步成为二次元爱好者或者虚拟偶像粉丝的过程中，"情感资本"对于粉丝的养成发挥至关重要的作用。接下来本书将在第四章内容中对 Z 世代虚拟偶像的粉丝养成过程进行更加详细的论述。

第四章

"养成系"粉丝文化
——Z 世代如何成为虚拟偶像粉丝

保罗·布斯（2016）在他的《数字粉丝2.0：新媒体研究》①一书中，详细论述了数字2.0时代的粉丝行为与特征。马克·波斯特（1995）提出虚拟社区是第二代媒体时代的核心，社区是粉丝活动的中心。数字2.0时代的粉丝与传统粉丝有着巨大区别，他们积极利用互联网虚拟社区追星，利用技术手段对偶像周边进行创作。在数字时代，"偶像养成"成为目前粉丝追星过程中最大的特点——偶像与粉丝一起成长，偶像能不能出道或者能不能在事业上获得巨大成功与粉丝的努力密切相关。而在虚拟偶像与粉丝的关系中，数字时代带来的变革更是巨大的，粉丝利用技术手段为偶像创作歌曲、形象，甚至人设，并且在互联网虚拟社区中进行传播。在这个过程中，粉丝获得了极大的满足感，这种满足感不仅来自自我成就，更来自偶像与粉丝共同成长的记忆。

通过第三章的介绍可知，虚拟偶像的粉丝主要是二次元群体，他们在二次元世界中有着属于自己群体的文化、语言与审美。他们进入二次元世界，成为虚拟偶像初音未来以及洛天依的粉丝并不是偶然现象，而且，并不是所有的二次元青少年都可以成为虚拟偶像的粉丝。笔者在前期

---

① BOOTH P. Digital fandom 2.0 new media studies（digital formations）：2nd edition［M］. Switzerland: Peter Lang, 2016. 保罗·布斯（2016）在他的《数字粉丝2.0：新媒体研究》一书中，详细论述了数字时代的粉丝行为与特征。

田野调查过程中，跟随二次元粉丝一起去逛场贩、买周边、看演唱会、面基、线下应援，发现从二次元爱好者成为虚拟偶像粉丝，与这些活动密不可分。虚拟偶像的粉丝利用互联网社区，上传自己的同人作品（比如 MMD 视频、音乐、舞蹈、漫画等），创作与偶像相关的周边，并在虚拟社区中与其他粉丝一起互动。粉丝在互动的过程中不断增强自我的情感认同，在创作与追星的过程中不断增加自己与偶像共同的情感记忆。这些情感记忆会进一步促进粉丝的情感性劳动，激励粉丝继续创作同人作品、周边等，最终让粉丝为偶像的产品买单。那么，在整个追星过程中，Z 世代二次元青少年是如何一步步成为粉丝甚至是疯狂的粉丝呢？本章将对此进行详细论述，全面考察 Z 世代虚拟偶像粉丝的养成过程。

第一节　粉丝的初步养成
——同人作品及音乐、游戏的作用

二次元青少年成为虚拟偶像的粉丝，与虚拟偶像同人作品以及虚拟偶像的音乐和游戏的日常熏陶密切相关。本书在第三章对二次元青少年的审美趣味进行了分析，这些二次元青少年在二次元环境的熏陶下，对于可爱、萌的少女元素异常青睐，而初音未来以及洛天依恰恰满足了他们的审美需求。初音未来与洛天依在人设和外貌设置上——"萌＋幼龄"——就是按照二次元的喜好进行的，因此她们一出场就从外在形象上获得了很多宅男的偏爱。在采访过程中，几乎所有的粉丝都承认，自己首先是被初音未来以及洛天依的可爱的外貌吸引，其次才是她们的作品。因此，当初音未来以及洛天依的外貌成功吸引了这些二次元群体之后，她们的同人作品、手办、音乐、游戏等也开始进入这些粉丝的生活，并且伴随着这些群体一起成长。在追星的过程中，偶像的手办、同人作品、音乐以及游戏逐渐在粉丝心目中建构起偶像的形象，粉丝也通过这些东西逐步了解偶像，同偶像一起成长。粉丝收集或者购买到的手办、同人作品等越多，在偶像身上花费的时间以及积累的情感也就越多。在调研中，很多粉丝说，他们收集的手办以及同人作品都是在偶像成长过程中诞生的东西，非常具有纪念价值。

在田野调查期间，有一位初音未来的铁粉家中失火，把他的手办、娃娃、CD全部烧掉了。对于一位真爱铁杆粉来说，这些收藏品是非常珍贵的。这位粉丝的遭遇在初音未来粉丝圈引发了非常大的轰动,大家开始在粉丝群里为这位粉丝募捐,希望让这位粉丝感受到来自同伴的守护与关爱。因为所有的粉丝都知道,这些娃娃与手办代表着初音未来与这位粉丝共同成长与陪伴的记忆。而正是这些珍贵的记忆,促使这位粉丝成为初音未来的"资深葱厨"[①]。

总而言之,由Z世代二次元青少年最终成为初音未来或者洛天依的粉丝,不是一次性偶然现象,而是在手办、音乐等的熏陶下,在收集、购买这些东西的过程中,一步步加深对初音未来或者洛天依的感情与记忆,感情与记忆积累得越多,就越容易成为初音未来或者洛天依的粉丝,这就是粉丝的养成过程。

第二节 成为核心粉丝——演唱会的作用

当Z世代青少年在同人作品、手办、音乐的熏陶下,慢慢成为虚拟偶像的粉丝之后,大部分的粉丝都会参加偶像的演唱会,还有很多粉丝会自发组成应援小组,参与应援,因此,能参加偶像演唱会的粉丝大部分已经是核心粉丝了。那么演唱会的作用与意义是什么呢?

首先,演唱会能够快速增强粉丝之间的参与感与身份认同感。一般来说,参加演唱会的粉丝大部分是喜欢初音未来或者洛天依的。所以当偶像在演唱会上把他们喜欢的歌曲唱出来时,粉丝会挥舞着荧光棒高度配合,这除了能够使粉丝回忆起与偶像相识相知的点点滴滴,还能够使粉丝被现场其他粉丝的热情所带动、被现场气氛和情绪所感染。很多去现场参加演唱会的粉丝告诉笔者,他们之所以成为忠实粉丝,是被演唱会的气氛所感

[①] "资深葱厨"意思是初音未来的资深粉丝,铁杆粉的意思。

染，每一次的演唱会都能让他们认识很多志同道合的小伙伴，让他们离自己的偶像越来越近。

其次，演唱会在某种程度上拉近了粉丝与偶像之间的距离。对于二次元粉丝而言，无论是真人偶像还是虚拟偶像，偶像的存在对于他们来说就是一种精神符号。能够在演唱会上见到偶像本人，对于粉丝来说已经非常幸运了，因为大部分的粉丝还只能在电脑前观看偶像。笔者在调研的期间，曾跟随几个铁粉一起去初音未来的演唱会，与他们一起面基与应援。笔者体会到，应援其实是非常消耗体力的，因为粉丝在应援过程中只能站着，几个小时的又蹦又跳，几乎所有的粉丝都浑身是汗。但是他们还是会激动得满脸都是泪水，足以见得演唱会对他们的重要性——演唱会不仅是在现实生活中与偶像见面这么简单，演唱会上的每一首歌都是对偶像与自己日常生活的点点滴滴的回忆，因此能来演唱会，并且自发地为偶像应援的粉丝一定是 Miku 的"骑士"[①]。

对于粉丝来说，不管偶像是不是存在于现实生活中，偶像的存在其实就是一种符号，一种精神符号。初音未来或者洛天依是否"实际"出场对他们来说并不重要。粉丝们早就知道，自己对她的爱、对她的设计早就超越了她最初的缔造者。对她的粉丝——那些更加有灵感、更重要的作者而言——演唱会的意义在于，他们终于在现实中见到了彼此，并且一起挥舞着荧光棒。

第三节　仪式的认同与抵抗
——粉丝群体应援仪式的作用

仪式的研究起源于人类学领域，早期人类学家对部落文化进行探索

[①] "骑士"是对初音未来粉丝的称呼，因为初音未来被称为"世界第一公主殿下"，所以守护公主的粉丝自诩"骑士团"。

时，仪式的研究是解开文化之谜的重要途径。之后，在涂尔干、莫斯等学者的研究下，仪式常常与社会结构和社会组织联系起来，[①]仪式在社会总体结构和社会组织中代表着一种指示与功能。[②]特纳认为仪式的象征性作用在社会结构中发挥重要作用，象征通过仪式进行符号形式的表达。[③]在以二次元文化为主体的虚拟偶像群体中，应援仪式发挥着巨大的作用，很多粉丝都是在和群体进行仪式互动的过程中感受到来自偶像的力量以及其他同伴的认同与支持的，仪式成为维系群体共同信仰的象征性符号。凯瑞在《作为文化的传播：“媒介与社会”论文集（修订版）》一书中提出"传播的仪式观"，他认为："仪式是对一个社会的维系，仪式的存在并不是为了分享信息，而是一种群体共享信仰的表征。仪式的传递过程其实是在构建一个有序的、有意义的文化共同体。"[④]而在虚拟偶像的仪式应援中，仪式往往能够让粉丝个体快速获得一种认同感，在仪式的感召中获得一种想象的共同体。

虚拟偶像的粉丝能够在应援仪式中获得一种自我认同与肯定。在二次元文化中，日式应援仪式是粉丝表达对偶像支持与喜爱的核心文化。应援仪式主要是在演唱会以及粉丝应援会活动的时候出现的一种应援行为，通常有光棒艺、日式打call等。粉丝通过应援仪式表达对偶像的支持与喜爱，比如在虚拟偶像演唱会现场，打call与呐喊是必不可少的应援行为。应援仪式的整齐划一，通常被视为粉丝高素质的表现，而且不同的仪式往往是不同迷群之间区分与认同的符号，因此，不同的偶像粉丝群体会乐忠于对

[①] 彭兆荣.人类学仪式研究评述[J].民族研究，2002（2）：92.
[②] 彭兆荣.仪式谱系：文学人类学的一个视野——酒神及其祭祀仪式的发生学原理[D].成都：四川大学，2002：4.
[③] TURNER V W. The ritual process[M]. Harmondsworth：Penguin Books，1974：166.
[④] 凯瑞.作为文化的传播："媒介与社会"论文集（修订版）[M].丁未，译.北京：中国人民大学出版社，2019：7.

自己偶像应援仪式的发明与创作。比如，初音未来的应援色是葱绿色，洛天依的应援色是浅蓝色，粉丝们为了对偶像的应援进行区分，会在偶像出场的时候，配合不同的打call仪式或变换应援棒的颜色等。笔者参加了几次应援活动，现场应援活动非常具有凝聚力，它会在无形中带给个体一种自我认同感。粉丝会在群体力量的带动下、在整齐划一的呐喊中，获得一种精神力量和巨大的自我肯定。

应援仪式是粉丝维系群体关系非常重要的途径，它既能增强粉丝的身份认同，又能通过抵抗的形式表达粉丝的群体诉求。很多刚刚开始喜欢初音未来以及洛天依的粉丝，在去演唱会现场之前都会表示自己是"萌新"，然后通过对打call应援仪式的学习，在演唱会现场体验到一种沉浸感，从而在心理层面获得一种高度的满足感，这种满足感能大大增强粉丝的自我认同，最终让虚拟偶像的爱好者快速成为核心粉。

第四节　粉丝的身份认同——面基的作用

在二次元爱好者成为Z世代虚拟偶像的粉丝的过程中，除了网络虚拟社区发挥一定的作用，面基也大大增强了粉丝的心理认同感和自我意识，进一步加速了粉丝成为核心粉的进程。亨廷顿认为："认同是一个人或者一个群体的自我认识，它是自我意识的产物。"[1] 面基能大大增强粉丝自我意识的真实感，使其在现实社会群体的环境中获得一种被认同的安全感，而这种安全感是在虚拟社区难以得到的。吉登斯提出："认同是人寻求自身'本土性'安全的产物。所谓'本土性'，是指对自然界与社会世界的表面反映了它们的内在性质这一点的信心或者信任，包括自我认同与社会认同

---

[1] 亨廷顿. 我们是谁：美国国家特性面临的挑战[M]. 程克雄, 译. 北京：新华出版社, 2005: 20.

第四章 "养成系"粉丝文化——Z世代如何成为虚拟偶像粉丝

的基本存在性衡量因素。"① 面基就是增强粉丝个体寻求自身"本土性"安全的有效方式。这也可以从另一个层面去解释,虚拟偶像的粉丝群体为什么会把偶像能够"破次元壁"② 看作自己毕生的愿望。

首先,在网络虚拟社区中进行追星,虚拟群体的作用对于粉丝来说是一种"想象的共同体",但是面基则更能增强这种追星的存在感与真实性——原来真的有很多同伴和我一样喜欢虚拟偶像。其次,在网络虚拟社区中追星,会模糊掉粉丝的身份、性别特征,面基则会带来一种新鲜感与好奇感。最后,面基的过程增强了粉丝的认同感。当拥有共同爱好的粉丝因为偶像聚集在一起,谈论着共同的话题,分享着自己追星的情感经历,同时获得其他粉丝的认同与认可时,粉丝个体就会从真实世界中获得更大的满足感,而这种满足感也会反过来加深其对偶像的喜爱之情。

在整个田野调查过程中,笔者参加了四次面基活动,发现并不是所有的粉丝都愿意面基,那么是哪些人更愿意面基呢?首先是粉丝群的组织者,组织者往往是资深粉丝;其次是群管理员,管理员在粉丝群里的职责是维护偶像形象,管理群成员的发言内容;再次是粉丝群发言活跃者,在群里有较高的认知度;最后是希望在线下找到志同道合的同伴、可以畅聊关于偶像的话题,而不用顾忌旁人的眼光的粉丝。这四类人都是虚拟偶像的核心粉,他们不仅会去应援、为偶像买花束庆祝演唱会的举办,也会聚集起来探讨自己与偶像的经历,这种群体氛围加强了粉丝之间的互动,也加强了自身对偶像的喜爱之情。

笔者参与了四次面基,几乎都是男性粉丝。他们不仅讨论演唱会的内容,还讨论自己与初音未来以及洛天依的种种。大家一起看番剧、一起对

---

① 吉登斯.社会的构成:结构化理论大纲[M].李康,李猛,译.王铭铭,校.北京:生活·读书·新知三联书店,1998:524.
② 次元壁是指二次元与三次元之间由于文化障碍而无形中存在的一道壁垒,二次元人物成功进入三次元世界,与三次元人群真实互动,就表示打破了这道壁垒,这种冲破二次元与三次元圈层壁垒的方式就称为"破次元壁"。

着虚拟偶像打 call，这些在外人看来不能理解的事情，对于粉丝来说却是珍贵、感人的回忆。

小　结

本章具体分析了 Z 世代二次元青少年是如何一步步成为虚拟偶像粉丝的。粉丝最初被虚拟偶像可爱的形象与人设吸引，之后在其同人作品、手办以及日常音乐、游戏的熏陶之下，进一步成为虚拟偶像的粉丝。当成为虚拟偶像粉丝之后，他们会在演唱会现场进一步加深对偶像的热爱之情。偶像的存在对于粉丝们来说就是一种精神符号，一种粉丝们得以共情的"想象的共同体"。此外，应援仪式是粉丝维系群体关系非常重要的途径，粉丝个体对应援仪式的学习是粉丝寻求认同的开始，应援仪式的整齐划一则是粉丝对偶像表达高度爱意的最重要的一种行为模式。粉丝还会通过面基获得一种来自真实世界的肯定，从而增强个体自我身份的认同感。二次元青少年在与偶像共同成长的过程中，成为虚拟偶像的忠实粉丝。

第五章

Z世代粉丝的文化生产
——粉丝形成的社会因素

马克·达菲（2013），在《理解粉丝》一书的第五节"How do people become fans?"（大众如何成为粉丝？）[1]中详细探讨了情感、品位甚至信仰对一个个体成为粉丝的影响。但是经过研究发现，Z世代青少年成为粉丝不仅仅与粉丝个体的情感、品位以及信仰有关，也与粉丝的学校教育、家庭结构、媒介变化、情感资本，甚至青少年的个人信仰有关。本章借用布迪厄的"资本"概念，重点阐释了资本对于粉丝形成的重要作用，同时对虚拟偶像粉丝形成的社会因素进行深度剖析，进一步探讨Z世代粉丝的文化生产过程。

---

[1] DUFFETT M. Understanding fandom：an introduction to the study of media fan culture［M］. London：Bloomsbury Publishing，2013.

● ● ● 第五章　Z世代粉丝的文化生产——粉丝形成的社会因素

第一节　学校教育与时间资本

根据腾讯二次元用户报告显示，中国15—24岁二次元用户渗透率已经达到64%。[①] 同时，根据问卷统计，在虚拟偶像粉丝中，"80后"占比1.12%，"90后"占比29.78%，"00后"占比66.57%，"10后"占比1.97%，因此，主要的年龄集中在"90后""00后"（图5-1）。目前，二次元群体受教育程度主要集中在初中（占比为24.3%）、高中（占比为33.43%）以及大学本科（占比为25.28%）这三个阶段（图5-2）。因此，目前虚拟偶像的粉丝主要在"90后""00后"，大部分受教育程度为初中、高中以及本科阶段，粉丝群体的主要身份为学生，占比为81.04%（图5-3）。同时，大部分粉丝接触二次元文化的时间主要集中在小学阶段（占比为41.43%）、初中阶段（占比为43.68%），（图5-4）。喜欢初音未来以及洛天依的时间也主要集中在中学和小学阶段（图5-5、图5-6）。

[①] 开发者社区. 中国二次元游戏用户行为分析报告［R/OL］.（2018-04-25）［2024-03-21］. https://gameinstitute.qq.com/community/detail/124201.

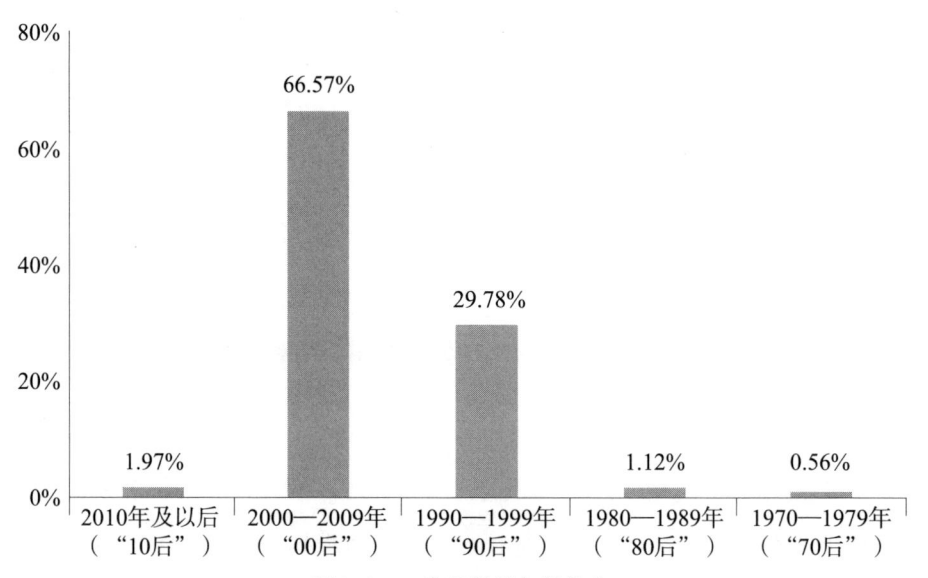

图 5-1　二次元粉丝年龄分布

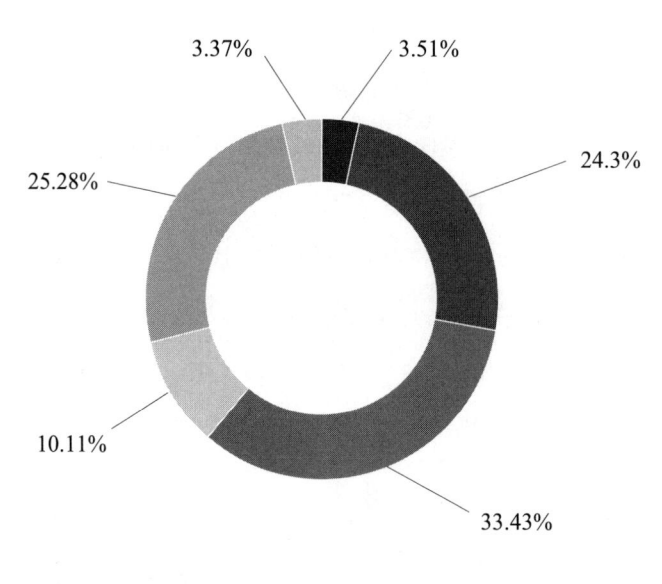

图 5-2　二次元粉丝受教育程度

■ 小学　■ 初中　■ 高中（包括中专、技校）　■ 大专　■ 本科
■ 研究生（包括硕士、博士）

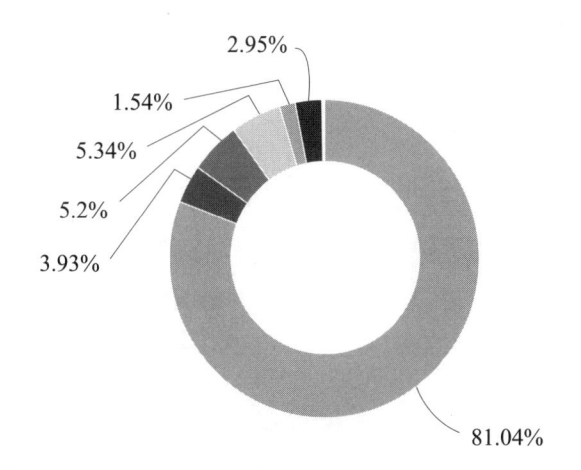

第五章 Z世代粉丝的文化生产——粉丝形成的社会因素

- 学生 81.04%
- 国家机关、党群组织、企事业单位等公职人员 3.93%
- 专业技术人员（编辑、设计师、工程师） 5.2%
- 服务行业、生产运输等人员 5.34%
- 失业 1.54%
- 其他 2.95%

图 5-3　二次元粉丝职业分布

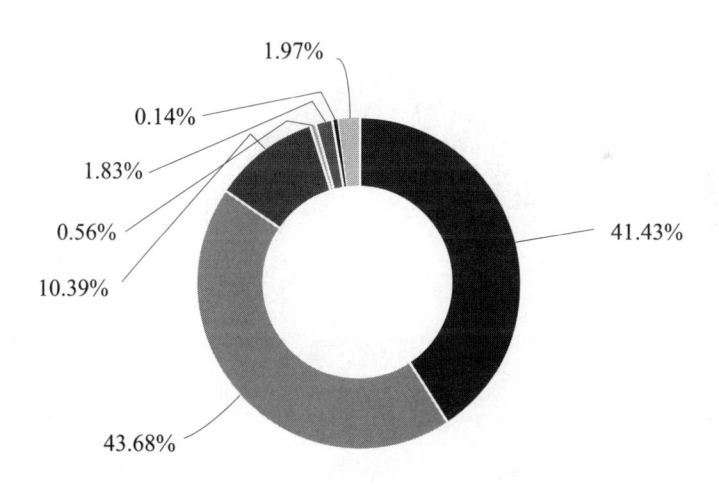

- 小学 43.68%
- 初中 41.43%
- 高中（包括中专、技校） 10.39%
- 大专 0.56%
- 本科 1.83%
- 研究生（包括硕士、博士） 0.14%
- 工作之后 1.97%

图 5-4　最早接触二次元文化的时间

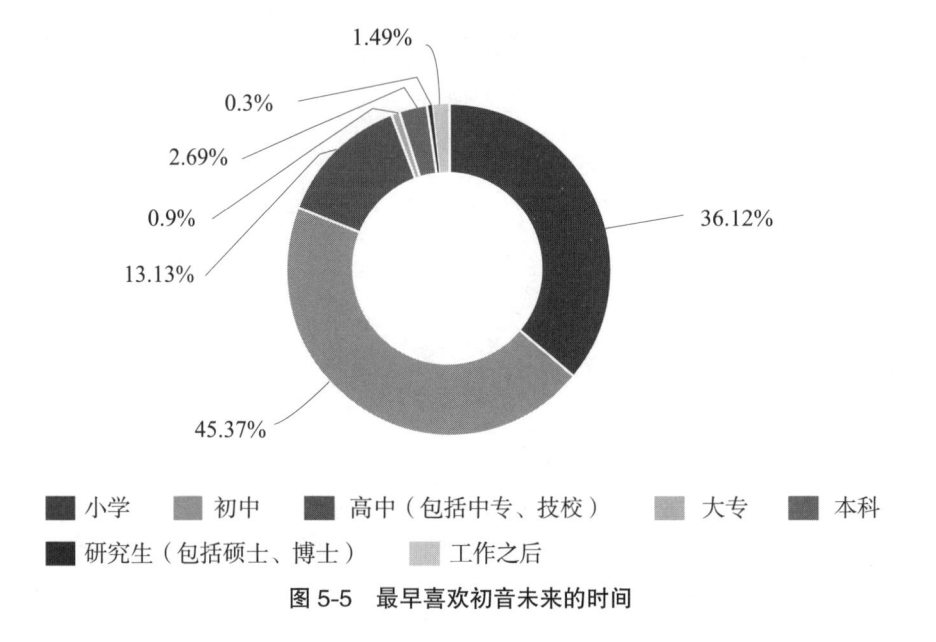

图 5-5　最早喜欢初音未来的时间

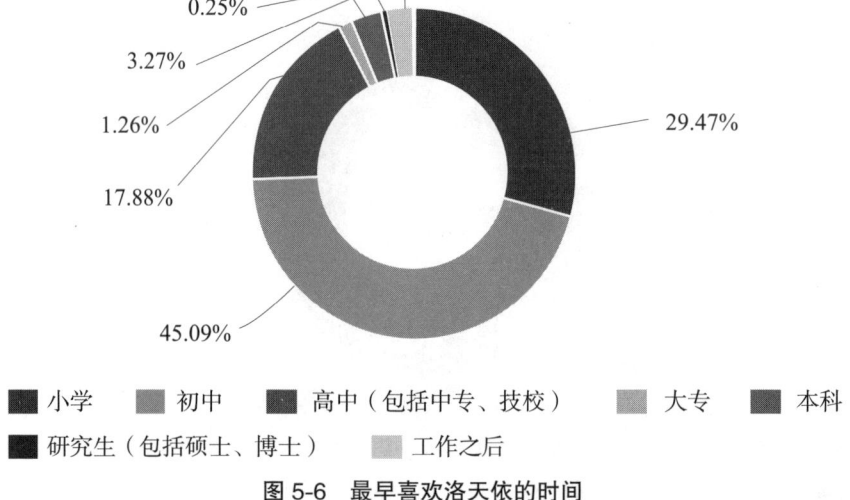

图例：小学　初中　高中（包括中专、技校）　大专　本科　研究生（包括硕士、博士）　工作之后

数据：36.12%、45.37%、13.13%、0.9%、2.69%、0.3%、1.49%

图 5-6　最早喜欢洛天依的时间

图例：小学　初中　高中（包括中专、技校）　大专　本科　研究生（包括硕士、博士）　工作之后

数据：29.47%、45.09%、17.88%、1.26%、3.27%、0.25%、2.77%

那么，为什么虚拟偶像粉丝群体主要集中在中学、小学阶段？为什么会呈现出典型的年轻化趋势？为什么主要的身份都是学生？这些是否与学校教育有直接的关系呢？这是本节主要讨论的社会因素之一。

第五章　Z世代粉丝的文化生产——粉丝形成的社会因素

在田野调查的时候，笔者发现大部分青少年之所以能在中学、小学阶段成为二次元爱好者，成为初音未来以及洛天依的粉丝，与时间资本有着直接关系。

首先，中小学生正处于世界观、人生观、价值观形成的重要阶段，对于一切新兴事物都保持着好奇心，而漫画在其从童年过渡到青年的过程中起到一个非常重要的引领作用。他们的很多知识都是从动漫、番剧中获得的，很多粉丝是在中学、小学阶段开始玩初音未来以及洛天依"歌姬计划"[①]游戏的。其次，爱好的培养需要花费大量的时间成本，而中小学生正好处于人生中时间最充裕的年龄阶段，这为他们培养爱好和兴趣提供了便利。最后，对于学生家长来说，大部分学生家长认为高中才是青少年把握人生的重要阶段，而小学和初中阶段则是培养爱好的时期，因此不会对这个时期的青少年进行过多干预。但是一旦上了高中，课业的繁重以及家长的监督，都会减少青少年在二次元圈子的时间投入（如受访者M2）。另外，从家长到老师再到社会舆论都偏向认为，二次元文化内容是动画片，是给小孩子看的，所以很多青少年在小学、初中阶段接触或者喜欢看动漫，很多家长是不反对的，因此"该群体在主流文化的默许下获得了亚文化生存的空间"[②]。然而，时代在变，动漫内容也在变，动漫内容不再是大人眼中所谓的传统动画片的艺术形态，而是发生了翻天覆地的变化。但是作为家长与教师的传统一代的想法依然没有改变——番剧动漫是适合小孩观看的。正是在这样的观念之下，二次元文化在中小学青少年中获得了生存空间，他们有大量的时间被允许观看"动画"。但是随着年龄的增长，如果继续看这些动漫的话，父辈一代的人就会认为这些孩子依旧长不大，就会干涉他们。

---

① SEGA发行的音乐节奏类游戏，于2009年7月2日发行。
② 何威.二次元亚文化的"去政治化"与"再政治化"[J].现代传播（中国传媒大学学报），2018，40（10）：25-30.

综上原因，青少年在中学、小学阶段拥有大量可以自由支配的时间，并被允许看动漫。但是，当这些青少年慢慢长大，步入社会，参加工作，他们就会面临一个问题——时间支配的不自由，以及承受来自他者异样的眼光。他们再也不能像以前一样自由支配自己的时间，去培养自己的爱好，去看自己偶像的演唱会（如受访者 M4、M5、M6）。因此，笔者在进行调研的时候发现，去现场看演唱会的粉丝大部分是学生，大部分是尚未参加工作的年轻人。

综上所述，中学、小学阶段相对其他阶段是人生中时间相对自由的阶段，而且这一阶段的学校以及家庭教育也以培养学生爱好为主，因此，大部分兴趣的形成主要在这个阶段。同时，由于时间相对充沛，他们才能逛漫展、购买周边、看演唱会以及面基。

第二节　社会发展与媒介资本

中国动漫行业真正的起步是在 2013 年，也就是互联网资本进驻动漫行业之后，大量的 App 开始出现动漫专栏。同时，随着互联网的发展、手机智能时代的到来，以及碎片化生活方式的常态化，许多动漫 App 一时间如雨后春笋般快速出现，占据人们的日常生活。而"00 后""10 后"是伴随着互联网、智能手机出生的，他们看漫画的成本与门槛更低——手机动漫 App 就可以获得。相比之下，早期二次元爱好者，他们更多是通过购买纸质漫画书获得动漫内容。

我读初中时二次元不是很多，至少我周围没有。上了高中开始，班里有几个，而且我认识的好几个都是高中开始进入二次元圈子的。他们初中跟我一样，也都仅限于看看大家都看的《火影忍者》之类的，也看漫画，但是看番剧什么的都是从高中开始的。这个可能跟时代和我们那个地方也有关系，毕竟我们在一个小地方，然后我上初中时，番剧好像也不是特别普及，至少在我们那个年代是这样的。（受访者M6，"90后"）

我从小学六年级的时候就被哥哥拉着去初音未来演唱会了，但是我更熟悉洛天依，洛天依在我心目中就是小天使。我们这一代的孩子大部分都更熟悉洛天依吧，毕竟她出现的时候，我们正好上初中。那个时候，我们班几乎都是二次元爱好者，都看哔哩哔哩的。（受访者M2，"00后"）

首先，相比"90后"来说，"00后""10后"接触二次元内容以及漫画的成本更低，只需要下载动漫 App 就可以获得。因此，社会的发展以及资本对二次元文化的入驻，使得进入二次元文化圈的成本降低，这也就是二次元爱好者呈现出低龄化趋势，并且年龄阶层多集中在"90后""00后"的原因。

其次，随着中国社会经济的发展，新一代的青少年拥有更多的媒介资本去培养自己的爱好。"90后""00后""10后"借助互联网、借助各种媒介途径获取偶像的周边。尤其对于虚拟偶像来说，粉丝有更多的主动权去培养他们与偶像的关系。正如前文所介绍的，由于初音未来以及洛天依是建立在技术的基础上的，她们的存在，从外貌、人设到音乐作品几乎都是由粉丝与背后的 P（produce）主决定的，这在无形中赋予了粉丝极大的权力，也同时改变了粉丝与偶像的相处模式——从追星模式变为养成模式。

最后，由于经济发展及文化开放程度等因素，上海的二次元氛围要高于其他城市的二次元氛围。笔者在调研过程中发现，大部分二次元文化的演唱会都会在上海举行，上海的二次元自媒体数量也要多于其他城市。很多粉丝告诉笔者，上海的二次元演唱会无论是氛围还是布展的专业程度都要高于其他城市。

第三节　家庭结构与经济资本

除了学校教育、社会发展，家庭结构对于Z世代青少年成为虚拟偶像粉丝起到关键性的作用。笔者在田野调查的时候发现，大部分的二次元群体尤其是虚拟偶像粉丝群体来自经济收入比较高的家庭。在笔者长期跟踪的8位虚拟偶像粉丝中有6位来自中产阶级家庭，父母的职业大部分为公务员、教师、医生，人均月收入在万元以上。同时，笔者在进行数据统计的时候发现，家庭收入与虚拟偶像粉丝总消费成正相关关系，家庭收入越高的阶层，粉丝消费也越高。如表5-1所示，家庭收入在0—5000元的，二次元总消费0—1000元的有128人，10001元以上的有12人；家庭收入在20001元以上的，二次元总消费0—1000元的有24人，10001元以上的有63人。同时，二次元总消费0—1000元的人数占比最高的是收入0—5000元的家庭，二次元总消费在10001元以上的占比最高的是收入20001元以上的家庭。因此，家庭经济收入越高的二次元群体，越有更多的经济资本投入自己的兴趣中，最终成为虚拟偶像的粉丝。同时，在采访中，很多虚拟偶像粉丝也告诉笔者，他们在追星过程中花费了不菲的金钱。（如受访者M5、M6）

表5-1　二次元群体总消费与家庭收入的关系

家庭收入	不同消费范围的消费人数					
	0—1000元	1001—3000元	3001—5000元	5001—8000元	8001—10000元	10001元以上
0—5000元	128	24	15	8	4	12

续表

家庭收入	不同消费范围的消费人数					
	0—1000元	1001—3000元	3001—5000元	5001—8000元	8001—10000元	10001元以上
5001—10000元	36	61	40	19	10	21
10001—20000元	36	26	12	17	11	22
20001元以上	24	17	12	9	4	63

　　我最大的花费是去演唱会，手办花费还好。演唱会2016年一次、2017年一次，一张演唱会门票1480元。然后就是买CD8张，一共1200元，游戏两盘，700多元，手办什么的吧，两年内花了6000多元吧。如果算上今年（2019年）去香港以及北京的两次演唱会花费，这三年我一共花了2万左右。（受访者M6）

　　确实花了不少，我记得2017年上海未来有你演唱会，我买了一套初音未来的软件，就是VOCALOID4，你知道的吧？就是制作歌曲的。680元一套。我买回去之后，就一直放在家里，没有打开过。（为什么不打开呢？）不舍得啊，因为上面有初音未来的造型图啊，所以我就一直放在那，和我的周边放一起。所以，我算算哈，一共多少钱。2016年演唱会开销（5000元），2017年演唱会开销（5000元），2018年演唱会开销（3000元）、手办（7000元）、BD（1800元），2019年演唱会开销（3000元）、手办（4000元），最后总共差不多28 800元。手办一共买了12个。（你的工资是不是大部分都花在了这里？）差不多吧，占比蛮多的。（受访者M5）

　　据调研得知，这些粉丝大部分都来自家庭收入比较高的中产阶级，主体为城市青少年。（如受访者M4、M7）

>我的妈妈是税务局的,我的爸爸是做出入境管理的,他们非常支持我的爱好,我去演唱会还有买手办的钱都是我父母给的。我的第一个手办就是我爸爸去日本出差给我带的,他知道我是二次元重度爱好者。(受访者 M4)

>我爸爸、妈妈都是高中老师,他们并不管我喜欢什么,但是会给我足够的资金让我去看演唱会、逛漫展之类的。(受访者 M7)

>我记得有一年,我表弟已经上大学了,然后他们全家出去玩,需要网上订票。我舅舅给我打电话让我帮他们全家订票,我就说你儿子不会么?我舅舅说,他不会,所以我就疑惑:他独立自主能力太差了吧?连订个票都不会,完全不操心生活,真是不知道生活里柴、米、油、盐的不易,活在自己的小世界里。然后他去看演唱会,我舅舅、舅妈会给他很多钱,还让朋友陪他一起去。(摘自田野笔记)

也有一些粉丝,因为家庭经济原因不能够继续支撑自己的爱好与兴趣。

>我们家住在天津郊区的一个镇上,就我一个孩子。所以我其实小时候还有些零花钱买漫画什么的。我中专毕业之后,工资不高,也不够买什么东西,加上我要和我父母一起还贷款,因为我们买了一个房子,准备我结婚的时候用。(受访者 M4)

>我爸爸、妈妈在北京打工,平时不怎么回来,他们文化水平不高,打工赚钱也很辛苦,所以对我生活费管得也比较严,我就没什么钱买二次元的东西。(受访者 M1)

因此,家庭经济能力是青少年能否有资本追星的关键因素。

家庭结构的单一也是青少年成为二次元爱好者的重要因素。"90后""00后"大部分是独生子女,在这样的家庭结构中,孩子成为三代(爷爷、爸爸、儿子)的核心。同时,随着中国经济的发展,"90后""00后"享受了更多经济带来的便利,他们有更多的金钱去支撑自己的兴趣、爱好。独生子女的家庭结构、经济的富裕,使得这些二次元青少年像温室里的花朵,不用担心柴、米、油、盐,不用担心未来的生活,只需要关注自己,关注自己的爱好,这在某种程度上使这些二次元青少年内心更加脆弱。当他们遇到外界的打击时,就更容易选择自我逃避。如很多粉丝所说:"二次元世界相比三次元世界(现实世界)更加美好。"(例如受访者F1)

> 我爸爸是企业高管,我妈妈是企业的财务管理人员,在别人眼中我有一个幸福的家庭,我就像一个公主一样。但现实并不是这样的,我爸爸长期出差,不在家。我妈妈为了照顾我,辞了工作。我小时候爱画画,可是我妈不同意,我就偷偷画。上初三的时候我开始买绘本和画册,经常去书店找那种好看的画册,买回来自己看。当时网络还不发达,我经常买一本介绍日本动漫还有番剧的杂志叫作《动感新势力》,因为那个杂志每一期都会附带一张光盘,里面有很多动漫新番的音乐,我就买回来听听音乐,看看漫画里的人物。那个时候,我在学校里经历了不愉快的事情,正好遇到《地狱少女》的画册,因为里面的主人公特别好看,然后神奇的是,其实很多画册后面是不附带番剧的,但是这个画册就附带有番剧,我就看了这部番剧,这是我看的第一部番剧,对我的帮助还是很大的。这部番剧给予了我很大的能量。我觉得之后,我为什么会喜欢可爱的形象,为什么会进入虚拟世界,就是因为那年我的遭遇。也可能就是那个时候,我开始觉得动漫里的世界很好,也算是一种逃避吧。然后,这些动漫里的可爱形象,又影响了我的喜好,我就喜欢这些可爱的动漫人物,所以当初音未来出道的时候,真的是觉得非常可爱,然后她的歌曲也很好听。还有,就是

她的宅舞,也是很可爱的舞蹈。(受访者F1)

其实我知道的很多宅男,就是在虚拟世界里寻找一种安全感,当然不只是宅男,宅女也是。因为他们的内心相对比较脆弱,所以当鼓起勇气走出去之后,一旦受到打击,就会退缩到自己的小世界里,也有的会再试一下。我反正就是早年的时候被打击得太严重了,所以要去二次元世界寻找安全感。(受访者F2)

此外,在家庭关系中,母亲对于子女成为二次元爱好者产生了巨大影响。

我有个表弟,比我小两岁,也是初音未来的粉丝,他很早就开始看番剧。他的微信头像就是一个小姑娘,然后收藏的音乐里面全是日本歌曲。我表弟是那种性格特别闷的人,不爱说话,特别宅。我姑姑虽然对他管得很严,但是又会在经济上给表弟足够的自由,对他的爱好也不怎么干涉。我姑姑很强势,她给表弟安排好了一切。我记得小时候,他的课外学习被安排得满满的,根本就没时间出去跟朋友玩,总是一个人。比如,表弟一个人去上海的演唱会,我姑姑很不放心,于是会给他很多钱,总之就是不会让自己儿子受罪,什么都给他安排好。(摘自田野笔记)

我妈妈在家里比较强势,我爸爸就是那种一切好好好的人。只要我学习好,他们就不会对我非常严格,在生活方面也会给我足够的钱让我去做一些我喜欢做的事情。(摘自田野笔记)

研究发现,很多Z世代二次元宅男以及虚拟偶像粉丝的性格比较"乖巧"。除了在面对虚拟偶像时会爆发出惊人的呐喊,在日常交往中非常平易近人。他们告诉我,这是因为他们在面对偶像的时候,会把心中的压力转化成一种呐喊的动力。但是，如果在现实生活中还是这样，那就是"二刺猿"①了。大部分二次元青少年都属于"乖巧"类型。"乖巧"一词是对女性夸赞的称呼，但是当这一个词用到男性身上的时候，就表现出"妈宝男"②的某些特质——物质生活宽松，服从母亲的安排，对生活往往无欲无求。

在进行调研的过程中，当被笔者问到在家庭关系中，母亲与父亲谁更加强势？家里谁说了算？很多粉丝告诉笔者——"母亲"占绝对地位。这代表了随着社会的进步，在家庭关系中，女性地位的提高，但同时也侧面反映出一个问题，当母亲地位提高并包办一切的时候，子女的性格就会稍显软弱。再加上家庭的过度呵护，青少年就更加容易表现出"乖巧"特质，这样的特质就像一把双刃剑，孩子虽然不会犯大错误，但是性格会相对软弱，一旦遭遇挫折就非常容易寻找避风港，而此时，二次元动漫文化成了他们的最佳选择，尤其成了宅男的最佳选择。（这里需要说明的是，在本书的研究中，当母亲角色在家庭结构中占绝对地位时，青少年更容易成为二次元爱好者，但这不能代表所有虚拟偶像粉丝家庭都会产生这样的结果。）

综上所述，家庭经济、家庭结构等因素，会促使一些青少年慢慢走向二次元世界，最终成为虚拟偶像的粉丝。整个过程中，家庭经济给予了二次元群体良好的经济基础，独生子女的家庭结构、母亲的过度保护，使得"90后""00后"的孩子备受家庭成员的关注，使得他们的心理承受能力更加差，一旦在现实生活中遭到打击，就会更加愿意去二次元营造的虚幻世界寻找安全感。当他们进入二次元世界后，就更容易被二次元动漫内容所吸引，被虚拟偶像初音未来以及洛天依所吸引，最终成为她们的粉丝。

---

① 对激情的、脑子冲动的二次元男生的一种嘲讽。
② 妈宝男是一个网络流行词，是指什么都听妈妈的，也指那些被妈妈宠坏了的孩子。

第四节 个人成长与情感资本

虚拟偶像与粉丝的关系是典型的养成式关系（由第四章第一节分析可知），这种关系的核心在于情感资本的积累。虚拟偶像粉丝在购买手办、CD以及参加演唱会的过程中，慢慢积累对偶像的情感，直至成为忠实粉丝。在这段关系中，偶像扮演着"信仰者"的角色，即粉丝把偶像当成一种信仰。正如前文所言，在布迪厄的资本概念中，资本被划分为"经济资本"、"社会资本"和"文化资本"，资本概念超越了马克思所谓的剩余价值的资本理论。布迪厄把资本从原有的物质状态延伸至文化符号领域①，从而使资本与社会文化、权力紧密联系起来。在虚拟偶像粉丝的养成过程中，经济资本、社会资本承担了非常重要的作用，但是在这些资本中，布迪厄尚未提到的"情感资本"对于粉丝来说起到了更为关键性的作用。可以说，无论是经济资本还是社会资本、文化资本，最终都汇聚为粉丝个体的情感资本。

台湾学者王佩迪在分析台湾御宅族粉丝时认为，粉丝劳动是一种"情感性劳动"。迈克尔·哈特（1999）在对情感性劳动的定义中，认为情感性劳动是无形的，是一种非物质性的劳动。迈克尔·哈特和安东尼奥·内格里（2004）认为"情感性劳动依赖于感情劳动的付出，如关怀和情感，这种情感的产生与操纵可以通过虚拟的人际接触来实现"②。"情感劳动并不是传统马克思批判理论所强调的非自愿的、强制性的劳动。恰恰相反，劳动

---

① 布迪厄认为以上三种资本的表现形式是"符号资本"，从而把非物质的资本以物质化的形式表现出来。

② WISSINGER E A. The value of attention: affective labor in the fashion modeling industry [D]. United States -New York: City University of New York, 2004.

者在情感劳动的实践中不断地肯定自己，发挥自己的才智，以喜爱和激情作为驱动力，构建社群网络，获得极度自洽的认同感。"[①] 目前的所有粉丝劳动的本质都是一种情感性劳动。商业体系利用粉丝的情感生成个体或者集体的非物质劳动，并最终从这种情感性劳动中获得商业利益。但是这种情感性劳动并不是从最初追星就开始产生的，所有的粉丝在成为忠实粉丝的过程中，都会经历从物质、文化到情感的积累与转变。只不过布迪厄认为，无论是经济资本、社会资本还是文化资本，最终都是一种符号资本，通过符号的象征把一种非物质的资本以物质化的形式表现出来。虽然，粉丝的情感资本是一种非物质的情感性劳动，但是这种情感性劳动最终转换成粉丝的情感符号，直至成为粉丝心目中的偶像信仰，而整个过程需要经过从物质到非物质的转变。

同样，前文分析的情感积累在实质上也是一种"情感性劳动"的非物质性积累。而青少年从二次元爱好者成长为虚拟偶像（初音未来、洛天依）的粉丝，也需要进行一系列的非物质的情感积累。当这种情感积累越多，情感资本也就越多，也就越容易成为虚拟偶像的资深粉丝。通过调研得知，二次元青少年成为初音未来以及洛天依的粉丝需要从物质消费转换成情感消费，最终成为虚拟偶像的粉丝。举例来说，二次元青少年喜欢上初音未来以及洛天依后，会购买她们的BD、手办、娃娃、游戏，当成为粉丝之后，就会购买演唱会门票甚至参与线下的应援活动。在整个过程中，粉丝参与度越高，就越容易成为忠实粉丝，而粉丝追星过程中的点点滴滴，最终也会形成一种记忆，深化在他们的情感中，成为一种情感积累与情感资本。

[①] 刘芳儒. 情感劳动（Affective labor）的理论来源及国外研究进展[J]. 新闻界，2019（12）：72-84.

第五节 文化因素的影响与个体信仰的缺失

粉丝的形成原因非常复杂，除了前面所讲的学校教育、社会发展、家庭结构、情感资本的影响，文化因素以及个体信仰的缺失对青少年成为粉丝也产生了很大的影响。布迪厄的社会文化理论把资本概念从马克思的物质状态延伸到非物质的文化符号，阐释了社会对个体的结构性作用。但是布迪厄文化理论的核心在于社会场域中不同个体之间的能动"关系"，忽视了个体自我的心理作用。纵使布迪厄也强调个体的能动性，但是在他的研究中并未对个体心理作用展开阐释，他关注的焦点依然是社会结构对个体的影响，这也是后来的学者对他的理论进行批判的重要原因。同样，在本研究中，笔者注意到虽然学校教育、社会发展、家庭结构、情感资本的影响对于粉丝的形成至关重要，但是文化因素以及个体信仰的缺失对二次元青少年成为粉丝的影响同样不容忽视。

一、文化因素的影响

在虚拟偶像粉丝的形成过程中，文化因素不容忽视。研究发现，洛天依的粉丝很多都是"00后"，而初音未来的粉丝很多都是"90后"，这跟文化政策分不开。2014年，文艺工作座谈会之后，中国传统文化进入校园，大部分"00后"此时正在上小学或者初中，传统文化的影响使得他们开始喜欢国风音乐。"现在我们学校艺术节和运动会，老师会组织大家穿古装衣服弘扬传统文化，所以学校二次元古风还是比较火热的。"（两个2005年出生的初中生接受采访）

而洛天依的人设就是中国风,唱的很多歌曲也是国风歌曲,再加上可爱的二次元形象,很容易被"00后"二次元群体所喜欢。笔者发现很多"00后"二次元粉丝非常喜欢国风类的音乐,很多人被洛天依的《权御天下》《霜雪千年》《三月雨》《忆红莲》等国风音乐所吸引。洛天依不仅与哔哩哔哩合作,也积极参加中国传统文化类节目,与明星同台演出,代言很多快销产品(如美年达、维他柠檬茶等),以此增加自己在年轻群体中的知名度。笔者在调研中遇到很多"00后",他们都说:"学校大课间操的音乐都是洛天依的。""我们老师给我们播放《国家宝藏》,里面就有洛天依。"……甚至一位"00后"的妈妈告诉我,她的女儿13岁,上初中,当跨年节目里出现洛天依的时候,她一下子就被吸引了,之后就喜欢上了洛天依,还穿她的衣服在漫展上出Cos。而在几次漫展活动中,我确实看到很多"00后"Cos洛天依。这说明,中国传统文化的复兴使得具有中国风的洛天依很快受到喜爱传统文化的"00后"的青睐。

相比之下,初音未来的粉丝很多是"90后",他们受日漫影响比较大。很多初音未来的粉丝能用日语唱完整首歌,很多粉丝也会自学日语。在几次初音未来的线下应援活动中,笔者发现很多粉丝能听懂日语。在2018年10月北京初音未来的演唱会场贩中,笔者见到了初音未来背后的知名P主八王子P和DECO*27,他们用日语讲述着自己的创作经历,现场的初音未来粉丝根本不需要翻译就知道他们在讲什么。同时,在这些初音未来粉丝的心目中,能去日本看初音未来的"魔法未来"[1]演唱会、能去Miku老家看一看成为他们的夙愿。而且对于很多"00后"来说,"90后"看的很多动漫都是日漫,他们成长的年代也是以日漫为主,在他们小时候国漫还没有崛起。

---

[1] 初音未来日本演唱会的名称。

> 我最早看的动漫是《火影忍者》,我们这一代看的动漫包括《火影忍者》《海贼王》《灌篮高手》《龙珠》等,国漫我几乎没怎么看过。我从初中开始一直追《火影忍者》,2014年《火影忍者》完结之后,一下子就失去了追漫画的动力,然后开始在哔哩哔哩看番剧。回想下来,好像并没有看什么国漫。(摘自田野笔记)

而且,很多日漫与番剧里的文化主要来自日本,很多动漫里的地标性建筑都是日本建筑。2019年2月,笔者赴日本京都对动漫与日本文化的关系问题进行考察,在那边待了一个星期,去了很多神社,因为这些神社经常以各种面貌出现在日本的动漫和番剧中。尤其是日本动漫中的女主人公经常以可爱的狐狸形象出现,这与日本文化中的狐妖是有直接关系的。日本的很多神社建在山林之中,是敞开式的。神社的大门处会放置神社的神像。狐狸的高大石像就放置在神社的入口处,注视着人们。在日本的农耕时代,狐狸常常被视为农耕神派来的使者,所以狐狸在日本传统文化中的地位非常高,狐狸的故事与形象也经常出现在日本动漫中。因此,对于受日漫影响的"90后"来说,会更加青睐初音未来。

二、个体信仰的缺失

信仰与宗教有关,但是现代社会信仰的意义已远超宗教内涵:"信仰作为一个来源于宗教领域的词汇,现已走出了狭隘的宗教地域,成为一个涵括与内卷着精神价值的普适性语词,它有效地凝聚了世界观、价值观、人生观、道德观以及伦理观,表征着关乎内在精神的思想统筹,标示着社会实践的方位定向。"[①] "信仰风险"已经成为目前社会最大的危机

---

① 赵红勋.新媒介依赖视域下青年群体的"信仰风险"论析[J].中国青年研究,2020(1):13-20.

之一，美国社会学家丹尼尔·贝尔曾说："现代主义的真正问题是信仰问题。用不时兴的语言来说，它就是一种精神危机。"① 在早期粉丝文化研究中，研究者常常把粉丝崇拜与宗教信仰联系在一起。比如经济学家伊安纳科内（Iannaccone）提出的宗教经济学就常常被用于分析群体的集资行为与信仰之间的关系。② 同样，笔者在田野调查的过程中发现，虚拟偶像粉丝与大众偶像粉丝一样，面临信仰缺失的问题。在粉丝崇拜过程中，无论是虚拟偶像还是大众偶像，都发挥着类似宗教信仰的作用，从而给粉丝们一种精神动力。当然，并不是所有的粉丝都把偶像视为个体信仰，但是对于粉丝来说，偶像都在精神层面发挥着正面的作用，这也就是为什么偶像维护正面形象对于粉丝来说意义重大。相较于大众偶像，虚拟偶像由于自身的技术属性，并不会出现如大众偶像一般人设崩塌的现象。所以，虚拟偶像粉丝并不需要担心偶像形象的败坏，只要虚拟偶像自身事业发展良好，有高质量的作品，那么他就可以一直发挥正面的信仰力量。

相较于大众偶像粉丝而言，虚拟偶像粉丝群体信仰缺失问题异常突出。这与虚拟偶像粉丝群体的家庭、学校、社会发展直接相关。如前文分析，社会经济的富足、独生子女的家庭结构、母亲的过度保护，使得很多二次元青少年的心理承受能力比较差，而二次元文化世界为这些青少年提供了一个类似避风港的虚拟时空，给予他们安全感。

---

① 贝尔.资本主义文化矛盾［M］.赵一凡，蒲隆，任晓晋，译.北京：生活·读书·新知三联书店，1989：74.
② 马志浩，林仲轩.粉丝社群的集体行动逻辑及其阶层形成：以 SNH48 Group 粉丝应援会为例［J］.中国青年研究，2018（6）：13-19，45.

小 结

从本章的分析可知，成为虚拟偶像粉丝有着复杂的社会因素，二次元青少年在追星的过程需要充足的时间、足够的经济支撑。一方面，Z世代青少年成长的社会背景是中国互联网高速发展的时期，网络媒介的普及让青少年接触二次元文化的门槛降低。另一方面，中国独生子女的家庭结构、富足的经济条件在给青少年提供良好的成长环境的同时也让他们成为温室里的花朵，当他们遇到苦难或者处于人生低潮时，偶像就是他们的信仰，给予他们动力与能量。而在追星过程中，Z世代青少年会积累越来越多的情感与回忆，促使他们一步步成为忠实的粉丝。在此，需要澄清一下，虽然很多粉丝把初音未来或者洛天依当成面对人生困境的信仰，但并不是所有的虚拟偶像粉丝都把偶像当成信仰来看待，很多二次元爱好者之所以成为虚拟偶像粉丝，是因为他们在追星的过程中，付出了大量的情感性劳动，积累了大量的情感记忆。因此，从青少年成长为二次元爱好者，再从二次元爱好者成为虚拟偶像粉丝，离不开社会、学校、家庭、个人等多种因素的综合作用，而在这一复杂的过程中，资本对于粉丝追星起到了决定性的作用。在布迪厄的理论中，资本通常被划分为"经济资本"、"社会资本"和"文化资本"，本书对布迪厄的"资本"内涵进行了扩充，虚拟偶像粉丝的形成需要更复杂的资本支持，比如时间资本、媒介资本、经济资本、情感资本、文化资本等。粉丝掌握的综合资本越多，就越容易成为资深粉丝。粉丝资本的来源往往与其背后的学校教育、家庭结构、情感付出息息相关。

第六章

Z 世代粉丝圈层的文化区隔与身份认同

布迪厄的文化社会学认为，文化是社会等级区隔的标志，文化的区隔体系与社会空间的等级在结构上同源，文化从来都不能断绝与社会支配权力之间的姻亲关系。[①] 在二次元文化中，社会阶层带来的文化区隔冲突影响很小，文化冲突主要来自不同圈层对文化的理解与认知上的不同。文化区隔的产生来自其他次元群体对二次元文化圈层的不理解。因此，从这个层面上来说，本书中区隔概念的内涵对于虚拟偶像迷群来说更多的是圈层文化认知不同而非社会阶级差异。

由文化区隔造成的身份认同是目前二次元群体内最大的困境。面临文化区隔与差异，二次元与虚拟偶像粉丝常常会因为他人的误解而产生身份认同的困惑。而且由于二次元群体以及虚拟偶像粉丝群体的某些仪式或行为，他们常常被误解为越轨人群从而被标签化，并且要承担来自社会主流权力与意识形态的制约。Z世代圈层文化区隔与社会意识形态制约等因素促使这些虚拟偶像粉丝主动去寻找属于自己的文化圈层，从而期望获得一种身份认同与群体归属感。这种寻找身份认同的过程也加速了粉丝成为虚拟偶像的忠实粉丝的进程。因此，不同圈层之间文化区隔的存在在某种程度上加速了Z世代虚拟偶像粉丝群体的形成。

---

① 张意.文化与符号权力：布尔迪厄的文化社会学导论［M］.北京：中国社会科学出版社，2005：138.

第一节　文化区隔

霍华德·贝克尔在《局外人：越轨的社会学研究》一书中提出"贴标签理论"，这一理论认为青少年的越轨行为不是天生的，而是越轨群体对主流社会的反叛性回应，越轨行为以及被标签化的形成是由强势人群造成的，这些群体规定了若干规则，违反这些规则就会被视为越轨行为，而制定这些规则的人则是维持社会主流价值观的群体。① 同样，由于文化圈层的不同，来自三次元世界的人难以理解二次元群体的行为。此时，三次元世界的人就会按照主流价值观去评判二次元群体的行为，那么，二次元群体就会产生一种被冒犯之感。"越轨的根据不是人们行动的性质，而是一些人将那些规则和制裁方法应用于'冒犯者'的结果。越轨者是那些被成功贴上了越轨标签的人，而越轨行为则是被人们贴上了这种标签的行为。"② 面对一群喜欢"纸片人"③的二次元男生、面对在演唱会上对虚拟人物撕心裂肺呐喊的男生、面对穿着奇奇怪怪衣服 Cos 的群体，主流社会意识形态难以对该圈层文化产生理解与认同。甚至有一些对该圈层文化不理解的群体会带着

---

① 贝克尔.局外人：越轨的社会学研究[M].张默雪，译.南京：南京大学出版社，2011：146-149.
② 贝克尔.局外人：越轨的社会学研究[M].张默雪，译.南京：南京大学出版社，2011：146.
③ 纸片人，ACGN 亚文化圈专用语，是指二次元动画或游戏中的角色，由于二次元的作品都是二维的，像是纸片，所以里面的角色被称为纸片人。

鄙夷的眼光对其肆意评价，用"宅男""御宅""死宅"等词汇对其进行标签化，长此以往便产生了圈层之间的文化区隔。这样看来，二次元文化区隔的形成与布迪厄所谓的社会阶层关系不是很大，主要的原因来自不同群体文化之间的不了解、不理解以及主流社会对其群体文化的质疑。然而，正是这种面对异文化的不理解才最终造成了群体的内部恐慌，同样也正是这种恐慌，才使得二次元群体在异样的眼光中被排挤，成为亚文化边缘群体。而这种群体边缘化，使得二次元群体亟须通过种种途径去获得一种身份认同感与安全感。

笔者在进行线下调研的时候发现，这种文化差异造成的区隔现象随处可见，甚至引发了不同圈层之间的文化冲突。尤其是对于喜欢虚拟偶像的粉丝群体来说，更是面临着巨大的争议，哪怕是在二次元群体内部，虚拟偶像的粉丝群体也难以获得认可。通常这种文化区隔主要表现为二次元与三次元群体的文化区隔、虚拟偶像粉丝与其他二次元群体的文化区隔。

首先，从笔者调研的经历说起。笔者在进行田野调查的时候，常常会将自己观察到的内容讲述给周边的三次元群体听，他们除了感到新鲜，还表现出极大的不理解，并发出"他们为什么要这样做？"的疑问。而且，当笔者问虚拟偶像粉丝："你们为什么会喜欢初音未来/洛天依？"他们的反应像是被冒犯一样，敏感又无奈。慢慢了解之后，笔者便再也不直接问这种问题了，因为在这些粉丝看来，能问出这种问题的人，一般都是不理解或者不认同他们圈层文化的人。

其次，很多虚拟偶像的粉丝告诉笔者，他们要承受来自社会甚至自己亲朋好友的质疑和压力。

除此之外，笔者还采访了几位二次元圈外的人以及虚拟偶像粉丝的家长。

从田野调查的内容可以得知，至少到目前为止，二次元与三次元以及二次元内部还存在很大的文化差异，文化区隔现象非常严重，有的甚至因为文化区隔产生了群体之间的冲突。但是，也有很多粉丝告诉笔者，虽然他们的父母或者朋友不理解，但是他们也正在尝试或者以不干涉的行为努力去谅解这些二次元粉丝的行为。

第二节　二次元粉丝圈层的身份认同困境

"身份认同是个体对自我身份的确认和对所归属群体的认知以及所伴随的情感体验及行为模式进行整合的心理历程。"[①] 身份认同分为个体认同与社会认同，"前者是在自我归类、自我定位中寻求一个相对稳定的心灵状态，后者则是在较高层面上的特定社会群体中追寻一个共享的意义世界或文化背景，在这一文化背景的对照或衬托下获得群体的认同身份"[②]。在二次元群体中个体的自我认同主要基于社会的群体认同，获得三次元世界的认同对于二次元群体来说非常重要。虽然二次元群体在最近几年呈几何级数增长，但是二次元文化依然属于小众亚文化。甚至被父母、老师、朋友视为异文化。学者塔伊费尔（Tajfel）认为，"一个人的社会群体成员身份和群体类别是一个人自我概念的重要组成部分，并主张人们努力地获得和维持积极的社会认同，从而提升自尊。"[③] 正如本章第一节所列举的文化区隔现象，二次元群体在面对其他群体的时候，获得他人的尊重与肯定成为最大的困境。

当二次元圈层粉丝群体在现实生活中难以找到认同感的时候，他们通常会通过以下几种方式寻找身份认同。

首先，虚拟社区的身份认同。在虚拟社区寻找身份认同是二次元圈层

---

① 张淑华，李海莹，刘芳. 身份认同研究综述［J］. 心理研究，2012，5（1）：21.
② 闫伊默. "礼物"：仪式传播与认同［J］. 国际新闻界，2009（4）：47.
③ BROWN R. Social identity theory: past achievements, current problems and future challenges［J］. European journal of social psychology，2000，30（6）：745-778.

最主流的认同方式。虚拟社区认同方式包括QQ群的认同、百度贴吧的认同、官方微信群的认同等。但是想要进入粉丝QQ群需要经过严格的答题，大部分题目都跟虚拟偶像有关。比如："洛天依最喜欢吃什么？""初音未来的粉丝叫什么？""列举几首洛天依的歌曲"等。同样，进入官方微信群要答很多题，如果不是粉丝，根本就没办法在规定的时间内答完。要想进入洛天依官方微信群和QQ群首先要在粉丝群内获得答题链接，然后获得一个数字号码才能成功进入。官方微信群和QQ群里交流的内容也跟偶像有关，而且有管理员每天规范大家的言论。据观察，大部分虚拟偶像粉丝为"95后""00后"，他们的交友方式主要是QQ。这是由于QQ的功能比微信的功能多，在QQ群中，可以很方便地设置管理员、特定头衔，发起群集结、群投票、群公告，而微信群没有这些功能，因此，QQ能更多满足年轻人多元化的需求。"QQ群的很多功能非常方便，我们大部分人都不用微信。"正是因为QQ的这些功能，使得他们更容易获得自我身份的认同感。比如，为了刺激粉丝的活跃程度，QQ群的管理员会根据粉丝在群中的活跃度以及为偶像打榜的贡献程度，给予粉丝一定的身份特权——群管理员身份。拥有群管理员身份之后，粉丝对偶像的忠诚度会增强，也更容易获得其他粉丝的认同。因为，管理员在群里可以作为发起人为偶像发起应援，而且拥有对不服从管理者实行禁言或者踢出群的权力，粉丝如果想继续待在这个群里，就必须服从管理。而粉丝为了在群中找到志同道合的朋友，获得偶像的资源，寻找认同感，就必须服从这些规定与管理。同理，在百度贴吧中也是一样。百度贴吧里也有管理员，对于不当言论或者不适宜的帖子，管理员会进行删帖。而粉丝如果想要在百度贴吧发帖、获得偶像资源、寻找群体身份认同感，就必须遵守百度贴吧的规则。

其次，粉丝线下身份认同。线下的身份认同一般是虚拟偶像的粉丝聚会庆祝的一种方式，通常为粉丝线下应援、面基等。除了面基，线下打call应援，尤其是演唱会现场打call仪式的应援也是粉丝增强自我身份认同的重要方式。打call文化起源于日本演唱会，是御宅族现场演唱会的一种应援方式，属于WOTA艺[①]的一种。整齐的动作和有节奏的口号是对偶像演出的一种热情的肯定和尊重，是粉丝表达对歌手喜爱之情的一种方式。打call文化进入中国后，经常出现在洛天依、SNH48的演唱会上。由于初音未来是来自日本的偶像，因此，对初音未来的打call应援要采用日式的应援仪式。

很多粉丝认为在演唱会上完整地打call，是自己对偶像的一种爱和肯定、是粉丝彼此之间的打call、是对自己"信仰"的肯定。因此，在演唱会现场卖力打call和表演在某种程度上是粉丝的自我肯定以及对他人的肯定，打call仪式在某种意义上已经超越了行为本身。

事实上，文化区隔带来的身份认同困境在某种程度上增强了粉丝个体在群体中的归属感，"文化身份专属于一个群体（语言、宗教、艺术等）的文化特点之总和，不仅能够给这个群体带来个别性，也能够使一个个体产生对这个群体的归属感"[②]。粉丝通过这些方式寻找身份认同的过程也加强了粉丝个体的身份归属感。比如，通过在QQ群中为偶像打榜、在百度贴吧中分享同人作品以及与偶像点点滴滴的经历、在线下与拥有共同爱好的粉丝一起应援偶像等，都会进一步促使虚拟偶像粉丝成为核心粉。

小　结

由于圈层文化的区隔，Z世代虚拟偶像粉丝在追星的日常生活中，无

[①] WOTA艺是日式演唱会等现场活动中一种引人注目的应援方式。广义的WOTA艺包括台下的应援行为以及独立的荧光棒舞蹈。狭义的WOTA艺是指动作幅度比较大的一种荧光棒舞蹈。
[②] 格罗塞.身份认同的困境[M].王鲲，译.北京：社会科学文献出版社，2010：7.

法融入主流社会的文化规则与意识形态，在规训与被规训的过程中，产生"越轨"或"贴标签"现象，引发文化冲突。进一步分析，文化冲突的根本原因是Z世代虚拟偶像粉丝圈层对自我身份认同的渴望。粉丝们在寻找身份认同的过程中，会主动选择进入高组织性的粉丝组织机构，比如粉丝群、线下应援会组织等。同样，由于文化之间的不理解与差异性，不同圈层之间产生了文化区隔，最终上升为文化冲突。因此，主流社会与意识形态对二次元群体的不认同与权力制约、现实生活中三次元对二次元群体差异性对待以及鄙视行为，使得二次元群体亟须寻找组织获得自我认同。虚拟偶像粉丝在寻找认同的过程中，也会一步步成为忠实的粉丝，比如购买周边、为偶像打榜应援等。因此，粉丝社群的存在让粉丝获得高度的认同感，这种认同感的存在是促进粉丝成为偶像核心粉的关键因素。

第七章
Z世代养成式粉丝文化的价值批判与建议

Z世代粉丝群体的最大特点是数字劳动，粉丝的数字劳动大部分是无偿的，通过打榜、刷数据等数字行为自愿或者无偿地奉献情感性劳动、非物质劳动。纽芬兰（Terranova，2013）在《数字劳工》一书中认为："在过去十年左右，免费劳动已成为在当代数字经济中认识和批判新形式的或半新形式的劳动的关键分析工具。"[1] 迄今为止，绝大多数Z世代粉丝的劳动是无偿的，他们在成为粉丝的过程中，几乎都经历过网络打投、刷数据、数字周边等免费劳动。相比大众偶像粉丝严格的组织与做数据的经历，二次元虚拟偶像粉丝更倾向于偶像周边制作与购买。但是在情感经历上，无论是大众偶像粉丝还是虚拟偶像粉丝，偶像工业文化与粉丝个人成长经历是双向奔赴的。粉丝见证了偶像成长、发展的历程，也深深埋下了自己与偶像的点点滴滴的情感回忆。社会、学校、家庭、偶像工业等复杂的因素催化了粉丝养成式文化的形成。

---

[1] TERRANOVA T. Free labor [M]//SCHOLZ T, ed. Digital labor: the internet as playground and factory. New York & Oxon: Routledge, 2013: 33-57.

第一节　养成式粉丝文化的形成过程与因素

回顾历史，每个时代都在生产属于自己文化属性的粉丝群体。本书认为，Z 世代粉丝圈层正在形成一种典型的养成式文化，即 Z 世代之所以成为虚拟偶像粉丝，是因为偶像工业文化长期地、潜移默化地对特定群体进行全方位的文化植入，粉丝在这种文化氛围中渐渐成为虚拟偶像的忠实粉丝；粉丝在制造偶像的同时也在被养成，养成式文化的生成是一种粉丝与偶像双向养成的文化机制；而在养成的过程中，社会、家庭、资本、情感性劳动等因素发挥着至关重要的作用。

一、养成式粉丝文化的形成过程

与大众偶像粉丝一样，虚拟偶像粉丝在利用数字技术参与偶像制造的同时，也在被偶像工业文化所养成。虚拟偶像粉丝积极制作与偶像有关的同人作品、音乐等一系列相关产品，在参与制作的过程中，一方面塑造着粉丝心目中的偶像形象，另一方面也在与偶像双向互动的过程中实现着粉丝个体的养成式进化。成为一位粉丝，并不是一次偶发行为，而是长期的养成性行为，这不仅适用于虚拟偶像粉丝，同样适用于大众偶像粉丝。目前流行文化中的"养成系"偶像[①]，粉丝参与式成长的方式，其实就是一种

[①] 这一类"养成系"偶像，国内目前以 TFboys 为典型代表。

养成式粉丝文化,"'养成系'偶像的重点在于'参与感'和'陪伴成长',通过对偶像日常生活和状态的不断披露,满足粉丝的需求,是'养成系'偶像维系与粉丝之间紧密关系的根本"①。显而易见,无论是对虚拟偶像粉丝来说还是对大众偶像粉丝来说,粉丝文化已经进入养成式的文化时代。

养成式粉丝文化背后的社会因素比较复杂。一方面,Z世代虚拟偶像粉丝的追星行为需要充足的时间、足够的经济作为支撑,而社会经济以及动漫媒介文化的发展让青少年接触二次元文化的门槛大大降低。另一方面,中国独生子女的家庭结构、富足的经济条件在给青少年提供良好的成长环境的同时也让他们成为温室里的花朵,当他们遇到苦难或者人生低潮的时候,偶像就像人生信仰一样给予他们动力与能量。因此,只有满足时间资本、经济资本、情感资本、社会媒介的发展、动漫文化的影响以及信仰需求等诸多条件,才能使青少年进入二次元文化场域。在这个过程中,资本投入的比例与粉丝追星的程度呈正相关。反过来,粉丝掌握的资本越多,也就越容易成为核心粉丝。

当青少年成为二次元爱好者,并在长期的动漫文化熏陶下,形成了萌文化的审美趣味的时候,以可爱、萌人设出现的初音未来与洛天依自然对二次元群体产生了极大的诱惑力。之后,他们在同人作品、手办、游戏以及日常音乐的熏陶下,进一步成为虚拟偶像的粉丝。同时,在演唱会现场,他们与其他的粉丝一起为偶像打call应援,在群体力量的影响下、在偶像力量的号召中,进一步加深对偶像的热爱之情。此时,偶像的存在对于粉丝来说就是一种精神符号、一种粉丝得以共情的"想象的共同体",粉丝在呐喊中成为忠实粉丝。而粉丝在面基的过程中,获得了一种来自迷群他者的肯定,从而加强了自我身份的认同感。二次元群体一步步成为虚拟偶像的忠实粉丝的过程就是虚拟偶像粉丝的养成过程。

---

① 朱丽丽,韩怡辰.拟态亲密关系:一项关于养成系偶像粉丝社群的新观察——以TFboys个案为例[J].当代传播,2017(6):72-76.

因此，所谓养成式粉丝文化，是指粉丝在高度参与式文化的基础上，在偶像工业体系的文化氛围熏陶下渐渐成为虚拟偶像的忠实粉丝。粉丝的养成式文化并不是要忽视粉丝参与式文化的行为模式，而是在高度参与偶像制作的基础上、在与偶像共同成长的过程中，成为偶像的忠实粉丝，粉丝的参与度越高，被养成性就越强。

需要指出的是，在成为忠实粉丝的过程中，虚拟偶像粉丝常常因为文化区隔与冲突而产生身份认同的困境，但也正是这种认同困境，进一步加速了青少年成为虚拟偶像粉丝的进程。对于虚拟偶像粉丝来说，他们的追星行为与粉丝文化常常被主流社会视为"异文化"，因此，寻求他人的认同与肯定是粉丝获得自我满足的一种方式。当在现实世界中难以获得认同的时候，大部分粉丝要么选择继续待在虚拟世界中寻找同伴，要么在现实生活中寻找粉丝群体获得认同。也正是这种亟须获得群体认同的心理，使得他们在其他粉丝的影响下快速成为更加忠实的粉丝。

在整个粉丝养成的过程中，不可忽视的因素有以下几点。

第一，粉丝文化的背后是不同圈层之间对权力的争夺。布迪厄在他的"场域"理论中，重点强调了社会权力对场域各元素的影响与制约。而粉丝圈层作为一个较小的文化场域，一定会受到来自其他文化场域的权力影响。因此，看似独立存在的虚拟偶像粉丝文化场域，其实是依托在整个大的社会场域之中，并且在无形中受到来自场域之外的权力制约的。所以，为了获得更多的社会权力，虚拟偶像粉丝群体在日常生活中所展演的应援仪式与群体行为，看似毫无目的性，其实是在无意识中破坏了主流社会的规则与规范，通过群体仪式的方式对主流社会意识形态进行抵抗与博弈，最终实现对主流话语权和社会权力的争夺。

第二，粉丝文化的资本来源与学校教育、家庭结构等因素息息相关。如本书分析所知，粉丝掌握的资本（时间资本、媒介资本、经济资本、情感资本、文化资本等）越多，就越容易成为资深粉丝，粉丝资本来源往往与学校教育、家庭结构、情感付出、粉丝原生家庭的经济条件有着密切的关系。

第三，虚拟偶像粉丝群体在追星过程中被娱乐工业所利用。粉丝是娱乐文化中的一份子，为娱乐工业奉献情感性劳动，为全球文化产业的力量从事免费的数字化劳动，成为新一代互联网时期的数字劳工。

总而言之，粉丝养成式文化是粉丝与偶像共同的成长，是粉丝长期情感资本的积累。养成式粉丝文化不是一次性消费，而是长期的连续性投入。粉丝在高度参与偶像制造的同时，也在被偶像文化所养成。在这个过程中资本力量是粉丝追星的物质基础，把偶像想象成自我的精神信仰是粉丝不断前进的动力，寻求迷群他者的认同感是粉丝成为偶像核心粉的关键因素。同时也需要警惕在虚拟偶像粉丝文化中被掩饰的权力争夺、复杂因素，以及粉丝正在成为新一代互联网数字劳工的现实。

二、情感性劳动：养成式粉丝文化形成的关键因素

在 Z 世代粉丝圈层文化生产过程中，"为爱发电"的情感性劳动是养成式文化的关键因素。Z 世代粉丝群体通过情感性劳动在追星过程中获得了更大的主观能动性。在"追星族"时代，粉丝与偶像的关系处于一种极不对等的状态中，追星的过程相比 Z 世代粉丝圈层而言具有很大的被动性。但是进入数字时代，粉丝群体可以利用网络数字技术更加容易地接触到偶像，网络打投、应援、同人创作等情感性劳动行为，对于偶像未来职业发展起到至关重要的作用。换言之，相较于传统追星时代的粉丝，Z 世代粉丝圈层通过数字技术与偶像形成了一种共生关系，数字化情感性劳动使粉丝对偶像的影响力度达到了史无前例的高度，偶像的发展与成长对粉丝的依赖也越来越强。在这个过程中，粉丝的情感性劳动逐渐演变成一种情感资本，这种情感资本在娱乐工业资本的加持下，使粉丝对偶像的主观能动

第七章　Z世代养成式粉丝文化的价值批判与建议

性被无限放大，甚至可以左右偶像的职业发展、影响偶像的决定。

那么Z世代粉丝圈层作为能动的粉丝群体，其情感性劳动包括哪些呢？粉丝的情感性劳动又是如何反过来影响偶像的发展的呢？

第一，作为数字劳工的Z世代圈层粉丝。Z世代圈层粉丝最大的特点在于其"数字劳工"的文化特征。本书前半部分详细介绍了虚拟偶像粉丝的追星方式，在这个过程中，除了学校教育、家庭结构、情感资本等因素，偶像工业文化运作模式也对Z世代粉丝数字劳动方式产生了重要影响。比如在粉丝应援中最常见的数字打投行为。粉丝为了偶像可以有更多的曝光机会或在娱乐榜上有更高的排行名次，常常会选择以数字打投方式或者花钱的方式帮助偶像获得更多娱乐圈的资源与机会。笔者在长达1年的田野调查过程中，每天都给虚拟偶像洛天依、初音未来进行人工投票，这种数字打投方式使很多粉丝无形中成为网络数字劳工。同样，不少流量明星的诞生也与粉丝的勤奋打榜息息相关。粉丝的这种应援刷榜行为本来是一种表达爱意的行为，但在资本的操纵下，却成了偶像和粉丝双方的负担。久而久之，粉丝与偶像陷入一种资本怪圈，粉丝会投入更多的时间成本与金钱成本帮助偶像获得更高的排名，偶像对粉丝的依赖也会越来越高，最终导致偶像被打上"流量明星"的标签，这并不利于偶像的长期发展，也不利于粉丝与偶像良性关系的维持。

第二，"为爱发电"的情感性劳动。Z世代粉丝圈层的数字劳动，大部分是粉丝自发的情感性劳动。粉丝成为数字劳工除了受资本运作的影响，还受到为偶像"为爱发电"的情感因素影响。比如粉丝数字劳动的行为，几乎都是自发性行为，是出于对偶像的喜爱。除此之外，粉丝后援会也会通过集资方式，购买网络水军（人工劳动力）进行刷屏、打投等刷榜行为。相较于大众偶像粉丝而言，虚拟偶像粉丝更多是男性群体，该群体粉丝组织并没有形成高度等级化的科层制度，他们更喜欢通过购买手办、手游，参加演唱会等行为进行"为爱发电"的情感性劳动。除此之外，为偶像创作同人歌曲、同人小说、游戏、MMD、PV[①]等行为也是"为爱发电"的情感性劳动。在这个过程中，很多粉丝通过创作同人小说、歌曲等行为，进一步成为职业创作者。比如洛天依的很多知名歌曲，都是由粉丝 ilem 教主作词作曲，最后 ilem 教主也由最初的一名普通粉丝成长为知名的音乐创作者。像 ilem 教主这种创作型的粉丝群体非常庞大，他们的创作动力源于对偶像的喜爱。笔者在田野调查过程中，遇到很多粉丝，他们或多或少都会为虚拟偶像进行同人作品、歌曲或舞蹈创作并上传到哔哩哔哩。虚拟偶像粉丝的这种情感性劳动在大众偶像粉丝群体中也比较常见，只是创作的内容有所区别，这些粉丝的情感性劳动在现有研究中比较容易被忽视。

第三，线上—线下的偶像应援。应援活动是粉丝追星过程中最常见的一种行为，也是最能激发粉丝"为爱发电"行为的活动。线上—线下的偶像应援一般包括演唱会应援、生日应援、发布会应援等，尤其是线下应援活动可以强化粉丝在虚拟空间的情感链接。这种线上—线下互动应援形成了一种流动性的场域关系。整个过程中，粉丝在一种开放性的关系中加深彼此的认知与联系，群体应援由线上的开放性的、自由的、多次循环的弱组织性社交活动转变为线下高组织性的粉丝圈层。偶像在粉丝的不断应援中获得更大的商业收益，获得更多的商业机会。有研究者将网络粉丝弱圈层化的组织称为一种以兴趣为中心的"新部落化"趋势。"新部落化"是亚文化青少年粉丝圈层实践的新维度，其文化特点主要表现为情感部落、游牧文化与非理性的自组织。马费索利认为，后现代社会基本上是以社群的"部落化"现象以及"共享情感"的联结为基础的。亚文化研究学者米歇尔将青少年亚文化这种新的特征概括为"新部落化"，即"个体通过独特的仪式及消费习惯来表达集体认同的方式"，它们的形成"不是依据阶级、性别、宗教等'传统的'结构性因素，而是依据各种各样的、变动的、转瞬

[①] Promotion Video 的略称，通常是指动漫等的预告片或宣传片。

即逝的消费方式"①。显然,"新部落化"成为当代中国 Z 世代粉丝圈层一种新的实践维度。

综上所述,无论是粉丝的数字劳动还是情感性劳动,又或是粉丝"为爱发电"的应援行为,从本质上而言都源自粉丝群体的情感驱动。在"为爱发电"的情感驱动下,一种新型的社会文化资本——"情感资本"被生产出来,成为娱乐文化工业中影响粉丝与偶像至关重要的因素。

第二节 Z 世代粉丝圈层文化的忧虑、反思与批判

Z 世代虚拟偶像粉丝文化从属于中国二次元亚文化。Z 世代虚拟偶像粉丝群体呈现出低龄化、不成熟等文化表征。他们更像是偏离主流文化的越轨群体而不被他者认同。面对虚拟偶像粉丝圈层低龄化、信仰危机、狂热崇拜等现象,除了要对该粉丝群体进行文化批判和价值引导,也要反思其背后隐匿的粉丝文化工业。正如本书前文所言,虚拟偶像粉丝与大众偶像粉丝最大的不同在于,虚拟偶像粉丝在塑造偶像人设与内容层面具有更大的主动性。这种主动性是基于数字时代技术的进步、工业体系的完善(比如 VOCALOID 软件的运用)等因素。因此,在对虚拟偶像粉丝文化进行价值批判与反思的时候,不可忽视粉丝已经成为免费数字劳工以及内容制作者的现状。

一、Z 世代虚拟偶像粉丝圈层文化现状的忧虑

首先,群体低龄化。据调查,中国 Z 世代虚拟偶像粉丝圈层集中在

---

① 陶东风,胡疆锋.亚文化读本[M].北京:北京大学出版社,2011:341.

"90 后""00 后""10 后"。iiMedia Research（艾媒咨询）数据显示，2022年中国虚拟人带动产业市场规模和核心市场规模分别为 1866.1 亿元和 120.8 亿元，预计 2025 年分别达到 6402.7 亿元和 480.6 亿元，呈现强劲的增长态势[①]。虚拟偶像市场规模几何式增加的背后是其粉丝群体大规模的增长。然而该群体文化仍然属于亚文化行列，他们面临着巨大的文化争议与身份认同困境。在目前的漫展中，虚拟偶像 Cosplay 扮演者几乎都是"00后"，甚至有的刚刚上小学一年级。由于低龄化、动漫资本快速膨胀等因素，一些二次元文化内容在不成熟的情况下被迅速抛向市场，最终导致很多青少年在对一些文化尚未形成清晰的价值判断之前，就开始跟风效仿。

其次，信仰危机。最近几年，"丧文化"与"佛系文化"成为当代青年文化中非常突出的特征之一，这些现象的形成与信仰缺失有直接的联系。同样，在 Z 世代粉丝圈层中，由信仰危机引发的偶像崇拜也是当今青年亚文化的重要表征之一。由前文的分析可知，大部分二次元青少年处于成长阶段，尚未建立起三观，当遇到挫折时非常容易遭受打击。尤其是家庭经济条件较好，同时被呵护有加的青少年更容易出现信仰危机。因此，偶像的力量对他们来说更像是信仰符号，前文曾对此进行过论述，此不赘述。总而言之，对 Z 世代虚拟偶像粉丝而言，偶像崇拜与信仰缺失有紧密的联系。

二、Z 世代粉丝圈层文化的反思与批判

由于二次元虚拟偶像在中国是新生的一种文化，也是目前在青少年群体中非常突出的一种亚文化，因此该文化圈层常常呈现出一些不成熟的现

[①] 艾媒咨询.艾媒咨询 | 2023 年中国虚拟偶像产业发展研究报告［R/OL］.（2023-04-04）［2024-03-21］.https://baijiahao.baidu.com/s?id=1762207700096635011&wfr=spider&for=pc.

第七章　Z世代养成式粉丝文化的价值批判与建议

象,如低龄化、C圈乱象、信仰危机等。本书将针对一些虚拟偶像粉丝崇拜过热,以及二次元文化工业对青少年营造出来的过度消费文化现状进行反思与批判。

第一,对虚拟偶像迷群崇拜过热现象的反思与批判。在粉丝文化中,粉丝对偶像崇拜过热、粉丝狂热的现象一直是粉丝群体被批判的核心问题。本书虽然从情感性劳动以及信仰缺失等层面解释了虚拟偶像粉丝群体崇拜过热的原因,但正因如此,才更应该对该群体文化进行反思、批判与价值引导。从某种程度上来讲,偶像在粉丝个体成长中发挥着信仰引领的作用。但是,粉丝信仰的狂热具有不稳定性。一方面,很多青少年更容易被消费文化以及工业体系所影响。另一方面,虚拟偶像粉丝相较大众偶像粉丝年龄偏小,价值观尚在形成阶段,更容易产生个体或群体偏激。所以,才会更容易在粉丝文化中看到更多追星的狂热现象。尤其是在Z世代虚拟偶像粉丝圈层中,有更多虚拟偶像粉丝不被人理解的个体行为。我们应该更加重视,并对其进行心理层面的价值引导。

第二,对Z世代虚拟偶像粉丝劳动商品化以及粉丝工业产业化的反思与批判。粉丝劳工化、劳动商品化、粉丝工业化是目前整个粉丝文化所面临的问题。然而Z世代虚拟偶像粉丝群体的劳工化现象在整个粉丝文化中面临的形势更加严峻。正如本书前文所讲,由于虚拟偶像本身的独特性,粉丝在追星的过程中,对偶像的塑造和创作权力更大。虚拟偶像的人设、歌曲、PV、MMD、同人作品都是由粉丝创作的,这与大众偶像粉丝有很大不同,虚拟偶像粉丝与偶像的关系更加紧密,虚拟偶像粉丝也更加容易成为粉丝劳工。与此同时,由于虚拟偶像工业体系更加完善,所以其粉丝群体就更容易成为工业体系中消费文化的一个环节,也更容易为偶像工业内容做无偿奉献——成为免费粉丝劳工。举例来说,虚拟偶像粉丝出于对偶像的喜爱,会利用个人时间为偶像创作PV、绘画、同人文、音乐,这些都是无偿劳动。目前,大部分粉丝的内容创作都会被工业体系免费利用,最后通过虚拟偶像粉丝圈层内部人群购买而实现有偿消费。虚拟粉丝工业体系越完善，粉丝劳工化趋势越明显。而偶像工业文化体系往往通过粉丝群体的情感性劳动进一步模糊有偿工作与无偿工作之间的界线，将资本积累过程与个体自觉行为结合在一起。因此，随着粉丝工业体系的发展，粉丝劳工所创造的资本形式也越来越隐秘，粉丝也越来越多地在无意识的传播互动行为中为消费性的偶像工业做贡献。由于虚拟偶像粉丝对偶像内容制作形式的决定权更大，免费粉丝劳工现象在虚拟偶像迷群中便更为凸显。而这些事实也是最容易被粉丝群体所忽视，被文化工业所遮蔽的真相。

第三，在虚拟偶像的工业体系中，粉丝被劳动异化的趋势进行反思与批判。马克思最早在《1844年经济学哲学手稿》中提出"异化劳动理论"。马克思的"异化劳动"旨在揭示出资本主义奴役劳动，最终以生产商品的方式使人的劳动异化。工人创造的商品越多，作为个体人的价值就越低，人被当成商品被资本异化的情况就越严重。劳动不仅生产了商品，也生产了"自身"和"工人"，劳动生产的对象与人的劳动本身相对立，最终的结果便是劳动者同劳动产品的异化[①]。"人同自己的劳动产品、自己的生命活动、自己的类本质相异化的直接结果就是人同人相异化。"[②]同样，虚拟偶像粉丝在参与偶像制作的过程中，也面临劳动异化的现象。正如前文所言，虚拟偶像粉丝与大众偶像粉丝最大的不同在于对偶像劳动内容创作的付出。很多虚拟偶像的音乐作品、PV都是粉丝创作的，这些粉丝出于对偶像的喜爱将大量时间花费在帮助偶像发展事业上，却并未得到有偿回报。虽然有少数粉丝在参与偶像内容制作过程中，成为职业作曲者或者动漫创作者，但是大部分粉丝劳动都在无意识中沦为商业资本的筹码。在粉丝参与偶像

---

① 汪金刚.信息化社会生产与数字劳动异化：对马克思"异化劳动理论"的当代阐释[J].新闻大学，2020（2）：81.
② 马克思.1844年经济学哲学手稿[M].中共中央马克思恩格斯列宁斯大林著作编译局，编译.北京：人民出版社，2018.

内容制作的过程中，其劳动时间、劳动方式、劳动情感在粉丝工业体系以及娱乐商业消费中被进一步异化，最终造成粉丝自己的生活在追星过程中被碎片化的商业消费所割裂，追星时间越久越难以在现实社会中找到个体归属。"用户日常的集赞、转发、拼单、评论在不经意间就沦落为商业资本的'筹码'，助力其发展。"[①] 尤其是对虚拟偶像粉丝而言，其劳动的异化割裂了粉丝个体的完整性，增加了粉丝在现实社会的空虚感，最终导致粉丝在虚拟世界对偶像崇拜的狂热度。因此，在对粉丝群体进行批判的同时，应该对粉丝工业体系、娱乐文化过度消费以及粉丝劳工异化的现象进行更为深刻的反思。

第四，对虚拟偶像粉丝狂热现象、虚拟偶像粉丝劳动商品化以及粉丝工业产业化的反思与批判。这些现象揭示了粉丝群体在工业体系和消费文化面前所表现的脆弱与无力。看似拥有话语权的粉丝群体其实只是娱乐文化或者粉丝消费文化中的一个环节。那么面对这样的现实，我们更应该对其提高警惕。作为研究者，更应该努力提出相应的解决办法。如何规范Z世代虚拟偶像粉丝圈层的市场消费？如何引导该群体的文化价值观？并给予相应的指导和建议。这亦是本书最初写作的出发点以及研究的最终意义——我们应该怎么做？

第三节 措施与途径——我们应该怎么做？

我不知道他这么大了，为什么还在看动画片？（一位高中生家长的访谈）

如果我们学校有这样的学生，我会直接让他回家休学，这样做叫

[①] 汪金刚.信息化社会生产与数字劳动异化：对马克思"异化劳动理论"的当代阐释[J].新闻大学，2020（2）：81.

作不务正业。（一位高三班主任的访谈）

我把他的画扔了好几次，他还在画，画这些有什么意思？都上大学的人了，还是长不大。（一位本科家长的访谈）

我跟我的父母不会去说这个的，说了他们不懂，也不会去理解的，我们完全就是两个时代的人，可以说他们那个年代没有选择的权力，而我们有。（一位洛天依的粉丝）

当他们说我死肥宅的时候，我也很不爽，就像你问我为什么会喜欢初音未来，我觉得这种问题本身就冒犯了我，我觉得喜欢初音未来跟喜欢周杰伦没什么区别。（一位初音未来的粉丝）

我现在上的初中大部分同学都不会去看BML之类的，要在班里寻找到共同爱好的人确实比较难。我有一次听到班上的女生讨论我喜欢洛天依这个事情，在他们看来我喜欢虚拟人物就是有毛病。（一位洛天依的粉丝）

……

在现实生活中，Z世代虚拟偶像粉丝圈层面临着巨大的争议与认同困境。同时，他们的亲朋好友也对他们的行为表现出巨大的担忧与不解。假设你的孩子是虚拟偶像的粉丝、是Cosplay爱好者……常常沉迷于动漫文化，你会不会感到担忧与焦虑？面对种种争议，本书针对二次元群体所面临的困境问题，给出一些解决办法——"我们应该怎么做？"

第一，对青少年进行文化圈层差异化的认知教育。正如前文所言，出现认同危机的主要原因是文化区隔的存在。不同群体因为圈层文化之间的差异和不理解最终造成文化冲突。因此，为了缓解群体冲突以及认同困境，有必要对青少年进行圈层差异化的认知教育，引导青少年尊重不同圈层、不同群体的文化差异性，让青少年在三观形成时期，认识到文化的多元性，理解不同圈层的文化。

第二，对低龄化青少年进行三观的引导性教育。由前文研究可知，虚拟偶像粉丝群体呈现出低龄化趋势，"00后"甚至"10后"成为该圈层的主力军，大部分虚拟偶像粉丝都是在青少年阶段走进二次元文化的，而这个时期正是青少年接受学校文化教育的阶段。因此，对这个阶段的青少年进行世界观、人生观、价值观的引导非常重要。

第三，对青少年进行适度的挫折训练。对于长期处于"温室"里的青少年来说，一旦遇到挫折就容易出现精神危机。因此，应该加强学校与家庭对青少年的挫折训练。让青少年加强体育运动，走出去，亲近大自然，直面困难。总之，适量有度的挫折训练不仅能够增强青少年群体应对困难的心理强度，还能增强他们面对困境的信心以及解决问题的决心。

第四，对二次元文化艺术创作的引导。虚拟偶像文化从属于二次元文化范畴，很多二次元文化产品对青少年群体的世界观、人生观、价值观的形成产生重要影响。尤其是2013年以后，大量社会资本开始入驻动漫游戏等ACGN产业，很多二次元动漫作品被改编为游戏和电视剧，形成了对青少年全方位的文化包围。E.B.路透认为，青年群体的行为特征与青少年所属的群体文化密切相关，青少年文化对于青春期阶段的少年发挥着巨大作用。[1] 因此，在ACGN文化大量膨胀的同时，加强对二次元文化艺术创作的引导非常重要。比如对一些三观不正或者对青少年价值观影响恶劣的动漫应该进行严格把控，对其艺术审美、价值观的塑造进行合理的艺术重构等。只有这样，才能帮助青少年健康快乐成长，只有这样，才能帮助父母、学校对其进行完善的教育与引导。

第五，给予Z世代虚拟偶像粉丝群体相应的宽容与尊重。G.斯坦利·霍尔认为，在向成人期的最终状态过渡时，青少年必将在身心方面表现出混乱、创伤、突变和恐慌等特征。青春期需要特殊庇护。学校应该让

---

[1] REUTER E B. The sociology of adolescence [J]. The American journal of sociology, 1973, 43 (3): 414-418.

青少年在青春期获得最完美的发展，教育者应该从心灵深处点燃青春之火，青春期应该受到同情、欣赏和尊重。[①] 而对于 Z 世代虚拟偶像粉丝群体来说，青少年是其主力军，大部分二次元青少年正处在"青春过渡期"。然而在现实生活中，很多虚拟偶像的粉丝过多地承受了来自成人世界或者其他群体异样的眼光，所谓的同情、欣赏和尊重更是有限。因此，对于这个时期的虚拟偶像粉丝群体来说他者的关怀与尊重非常重要。

第六，对粉丝文化、娱乐消费过度现象实行行业约束，遏制工业资本野蛮生长。二次元粉丝群体呈几何级数增长、Z 世代虚拟偶像粉丝群体极速膨胀与 2013 年开始资本快速进驻二次元动漫文化市场有直接关系。据统计，中国虚拟偶像数量从 2013 年开始的短短 7 年时间，就从一位（洛天依）增长至 30 多位，并且出现了大量虚拟主播。资本快速进驻二次元市场，动漫 App、二次元游戏快速增加，使青少年接触二次元的成本和门槛越来越低。然而，在资本野蛮生长的同时，二次元文化内容却并未跟上，大量充斥着低俗、媚俗、恶俗的动漫内容涌向二次元市场。这严重影响了青少年的心理健康。因此，为了引导青少年形成正确的价值观、帮助青少年建立良好的文化成长氛围，对二次元文化内容以及工业资本进行规范、对影响青少年健康成长的不良内容进行把关和整顿、对虚拟偶像的饭圈文化进行引导性的规范和调整势在必行。只有这样，才能给青少年的健康成长营造一个良好的环境。

小　结

本章列举了一些举措与建议，希望能够缓解不同群体之间因为文化差

[①] SAVAGE J. Teenage：the prehistory of youth culture（1875-1945）[M]. New York：Penguin, 2007：70-72.

异带来的矛盾冲突，减少代际之间因为三观冲突产生的隔阂，给正处于成长困惑期的青少年予以帮助，为他者理解二次元文化以及虚拟偶像粉丝群体提供一个契机。此外，本书虽然是对Z世代虚拟偶像粉丝文化的探讨，但它是中国青年粉丝群体的一个缩影。虚拟偶像粉丝群体面临的群体困惑同样存在于大众偶像粉丝群体中。所以，本书针对虚拟偶像粉丝所列举的举措与建议同样适用于大众偶像粉丝群体。

参考文献

[1] 贝克尔. 艺术界 [M]. 卢文超,译. 南京:译林出版社,2014.

[2] 卢扬,王嘉敏. 解码虚拟偶像的实体价值 [N]. 北京商报,2018-07-06.

[3] 陶东风. 粉丝文化读本 [M]. 北京:北京大学出版社,2009:4.

[4] 塞托. 日常生活实践:1.实践的艺术 [M]. 方琳琳,黄春柳,译. 南京:南京大学出版社,2009.

[5] 朱国华. 权力的文化逻辑:布迪厄的社会学诗学 [M]. 上海:上海世纪出版集团,2016.

[6] 张意. 文化与符号权力:布尔迪厄的文化社会学导论 [M]. 北京:中国社会科学出版社,2005.

[7] 布尔迪厄,华康德. 反思社会学导引 [M]. 李猛,李康,译. 北京:商务印书馆,2015.

[8] 斯沃茨. 文化与权力 [M]. 陶东风,译. 上海:上海译文出版社,2006.

[9] 榎本秋. 轻小说文学论 [M]. 东京:NTT出版社,2008.

[10] 戈夫曼. 日常生活中的自我呈现 [M]. 冯钢,译. 北京:北京大学出版社,2008.

[11]郭建斌."电影大篷车":关于"多点民族志"的实践与反思[J].新闻大学,2014(3).

[12]郭建斌.在场:流动电影与当代中国社会建构[M].上海:上海交通大学出版社,2019.

[13]唐笑,王泽龙."视觉时代"的图像传播与受众心理:以"微信表情包"为例[J].青年记者,2019(8).

[14]何威.从御宅到二次元:关于一种青少年亚文化的学术图景和知识考古[J].新闻与传播研究,2018,25(10).

[15]肖伟胜.巴尔特的文化符号学与"文化主义范式"的确立[J].西南大学学报(社会科学版),2016,42(1).

[16]梁爽.新媒体平台中"养成系"偶像的粉丝身份建构及二者的权力关系[D].广州:广东外语外贸大学,2018.

[17]东浩纪.动物化的后现代:御宅族如何影响日本社会[M].褚炫初,译.台北:大鸿艺术股份有限公司,2012.

[18]大塚英志."御宅族"的精神史:1980年代论[M].周以量,译.北京:北京大学出版社,2015.

[19]王畅.乌有之猫:"云吸猫"迷群的认同与幻想[D].杭州:浙江大学,2018.

[20]大前研一.低欲望社会:"丧失大志时代"的新·国富论[M].姜建强,译.上海:上海译文出版社,2018.

[21]凯瑞.作为文化的传播:"媒介与社会"论文集(修订版)[M].丁未,译.北京:中国人民大学出版社,2019.

[22]霍尔,杰文逊.通过仪式的抵抗:战后英国的青年亚文化[M].孟登迎,胡疆锋,王蕙,译.孟登迎,王行坤,校.北京:中国青年出版社,2015.

[23]班尼特,哈恩-哈里斯.亚文化之后:对于当代青年文化的批判

研究［M］.中国青年政治学院青年文化译介小组，译.北京：中国青年出版社，2012.

［24］吉登斯.社会的构成：结构化理论大纲［M］.李康，李猛，译.王铭铭，校.北京：生活·读书·新知三联书店，1998.

［25］何威.二次元亚文化的"去政治化"与"再政治化"［J］.现代传播（中国传媒大学学报），2018，40（10）.

［26］刘芳儒.情感劳动（Affective labor）的理论来源及国外研究进展［J］.新闻界，2019（12）.

［27］杨盈龙，冯应谦.社会表演理论视角下的粉丝文化研究：以偶像养成类节目《创造101》王菊粉丝为案例［J］.新闻界，2019（11）.

［28］赵红勋.新媒介依赖视域下青年群体的"信仰风险"论析［J］.中国青年研究，2020（1）：13-20.

［29］贝尔.资本主义文化矛盾［M］.赵一凡，蒲隆，任晓晋，译.北京：生活·读书·新知三联书店，1989.

［30］贝克尔.局外人：越轨的社会学研究［M］.张默雪，译.南京：南京大学出版社，2011.

［31］张淑华，李海莹，刘芳.身份认同研究综述［J］.心理研究，2012，5（1）：21.

［32］戈夫曼.在逃：一个美国城市中的逃亡生活［M］.赵旭东，等译.北京：中国人民大学出版社，2019.

［33］吉登斯.现代性与自我认同［M］.赵旭东，方文，译.北京：生活·读书·新知三联书店，1998.

［34］霍尔，杜盖伊.文化身份问题研究［M］.庞璃，译.郑州：河南大学出版社，2010.

［35］胡疆锋，陆道夫.抵抗·风格·收编：英国伯明翰学派亚文化理论关键词解读［J］.文化研究，2006（4）.

［36］胡疆锋.亚文化的风格：抵抗与收编［D］.北京：首都师范大学，2007.

［37］拜厄姆.交往在云端：数字时代的人际关系［M］.董晨宇，唐悦哲，译.北京：中国人民大学出版社，2020.

［38］邓惟佳.迷与迷群：媒介使用中的身份认同建构［M］.北京：中国传媒大学出版社，2010.

［39］陈彦坤.索绪尔的语言系统观［J］.黑龙江教育学院学报，2018，37（1）.

［40］肖春凤.景观、符号与仪式：马来西亚华语电影中的集体记忆与族群认同［J］.视听，2020（1）.

［41］莫斯.礼物：古式社会中交换的形式与理由［M］.汲喆，译.陈瑞桦，校.上海：上海人民出版社，2002.

［42］科泽.仪式、政治与权力［M］.王海洲，译.南京：江苏人民出版社，2015.

［43］和磊.伯明翰学派：文化研究的源流与方法［M］.北京：北京大学出版社，2017.

［44］格罗塞.身份认同的困境［M］.王鲲，译.北京：社会科学文献出版社，2010.

［45］方玲玲.沉迷与抵抗：新媒体环境下的迷、反迷与文化生产［M］.杭州：浙江大学出版社，2015.

［46］詹金斯.文本盗猎者：电视粉丝与参与式文化［M］.郑熙青，译.北京：北京大学出版社，2016.

［47］张蔷.粉丝力量大［M］.北京：中国人民大学出版社，2010.

［48］贝克尔.社会学家的窍门：当你做研究时你应该想些什么？［M］.陈振铎，译.重庆：重庆大学出版社，2017.

［49］汪民安.文化研究关键词［M］.南京：江苏人民出版社，2007.

［50］布迪厄.艺术的法则：文学场的生成和结构［M］.刘晖，译.北京：中央编译出版社，2001.

［51］林南.社会资本：关于社会结构与行动的理论［M］.张磊，译.上海：上海人民出版社，2005.

［52］威廉斯.学做工：工人阶级子弟为何继承父业［M］.秘舒，凌旻华，译.南京：译林出版社，2013.

［53］郑智斌，李群.从"养成系"模式看媒介偶像低龄化现象成因［J］.视听界，2018（5）.

［54］彭兆荣.人类学仪式研究评述［J］.民族研究，2002（2）.

［55］彭兆荣.仪式谱系：文学人类学的一个视野——酒神及其祭祀仪式的发生学原理［D］.成都：四川大学，2002.

［56］何洪峰.从符号系统的角度看"网络语言"［J］.江汉大学学报（人文科学版），2003（1）.

［57］李镓，陈飞扬.网络虚拟偶像及其粉丝群体的网络互动研究：以虚拟歌姬"洛天依"为个案［J］.中国青年研究，2018（6）.

［58］朱丽丽，韩怡辰.拟态亲密关系：一项关于养成系偶像粉丝社群的新观察——以TFboys个案为例［J］.当代传播，2017（6）.

［59］穆思睿.浅析虚拟偶像的定位及与其它动漫形象的区别［J］.戏剧之家，2018（10）.

［60］亨廷顿.我们是谁：美国国家特性面临的挑战［M］.程克雄，译.北京：新华出版社，2005.

［61］马志浩，林仲轩.粉丝社群的集体行动逻辑及其阶层形成：以SNH48 Group粉丝应援会为例［J］.中国青年研究，2018（6）.

［62］安德森.想象的共同体：民族主义的起源与散布［M］.吴叡人，译.上海：上海人民出版社，2016.

［63］吉尔兹.地方性知识：阐释人类学论文集［M］.王海龙，张家

瑄，译．北京：中央编译出版社，2000．

［64］威廉斯．文化与社会［M］．吴松江，张文定，译．北京：北京大学出版社，1991．

［65］克利福德，马库斯．写文化：民族志的诗学与政治学［M］．高丙中，吴晓黎，李霞，等译．北京：商务印书馆，2006．

［66］马尔库斯，费彻尔．作为文化批评的人类学：一个人文学科的实验时代［M］．王铭铭，蓝达居，译．北京：生活·读书·新知三联书店，1998．

［67］特纳．仪式的过程：结构与反结构［M］．黄剑波，柳博赟，译．北京：中国人民大学出版社，2006．

［68］索绪尔．普通语言学教程［M］．高明凯，译．北京：商务印书馆，1980．

［69］布迪厄．单身者舞会：贝亚恩农村社会的危机［M］．姜志辉，译．上海：上海译文出版社，2009．

［70］马克思．1844年经济学哲学手稿［M］．中共中央马克思恩格斯列宁斯大林著作编译局，编译．北京：人民出版社，2018．

［71］汪金刚．信息化社会生产与数字劳动异化：对马克思"异化劳动理论"的当代阐释［J］．新闻大学，2020（2）．

［72］HILLS M. Fan cultures［J］.European journal of cultural studies，2004.

［73］JENKINS H. Textual poachers：television fans and participatory culture［M］. New York：Routledge，1992.

［74］JENKINS H. Fandom, negotiation, and participatory culture, a companion to media fandom and fan studies［M］. BOOTH P, ed. New Jersey：Wiley-Blackwell，2018.

［75］JENKINS H. Convergence culture：where old and new media collide

[M]. New York: New York University Press, 2006.

[76] KLAEHN J. Fanboys and true believers [M]. Oxford: University of Mississippi Press, 1999.

[77] SUZANNE S. Revenge of the fanboy: convergence culture and the politics of incorporation [D]. Los Angeles: University of Southern California, 2011.

[78] D'AMATO F. Investors and patrons, gatekeepers and social capital: representations and experiences of fans' participation in fan funding [M]// DUITS L, ed.The ashgate research companion to fan cultures. London: Ashgate Publishing Company, 2014.

[79] DUFFETT M. Fan practice [J]. Popular music and society, 2015, 38（1）: 1-6.

[80] DUFFETT M. Understanding fandom: an introduction to the study of media fan culture [M]. London: Bloomsbury Publishing, 2013.

[81] HARRIS C, ALEXANDER A. Theorizing fandom: fans, subculture and identity [M]. Hampton: Hampton Press, 1998.

[82] COLBURN S. Filming concerts for YouTube: seeking recognition in the pursuit of cultural capital [J]. Popular music and society, 2015（38）.

[83] KINGTON C S. Con culture: a survey of fans and fandom [J]. Journal of fandom studies, 2015（3）: 211-228.

[84] WARDE A. Does taste still serve power? The fate of distinction in britain [J]. Sociologica, novembre-dicembre, 2007.

[85] EIJCK K V, LIEVENS J. Cultural omnivorousness as a combination of highbrow, pop, and folk elements: the relation between taste patterns and attitudes concerning social integration [J]. Poetics, 2008（36）: 217-242.

[86] BOURDIEU P. The field of cultural production: essays on art and

literature [M]. Warren City: Columbia University Press, 1993.

[87] BOURDIEU P. Language and symbolic power [M]. Oxford: Polity Press, 1993.

[88] TURNER V W. The ritual process [M]. Harmondsworth: Penguin Books, 1974.

[89] STOREY J. Cultural theory and popular culture: an introduction (eighth edition) [M]. London, New York: Routledge, 2018.

[90] HARDT M. Affective labor [J]. Boundary 2, 1999, 26 (2): 89-100.

[91] WISSINGER E A. The value of attention: affective labor in the fashion modeling industry [D]. United States-New York: City University of New York, 2004.

[92] BROWN R. Social identity theory: past achievements, current problems and future challenges [J]. European journal of social psychology, 2000, 30 (6).

[93] REUTER E B. The sociology of adolescence [J]. The American journal of sociology, 1973, 43 (3).

[94] SAVAGE J. Teenage: the prehistory of youth culture (1875-1945) [M]. New York: Penguin, 2007.

[95] ZHANG W Y, MAO C T. Fan activism sustained and challenged: participatory culture in Chinese online translation communities [J]. Chinese journal of communication, 2013, 6 (1): 45-61.

[96] SUGIHARTATI R. Youth fans of global popular culture: between prosumer and free digital labourer [J]. Journal of consumer culture, 2017 (0): 1-19.

[97] PEARSON R. Fandom in the digital era [J]. Popular communication,

2010, 8 (1).

[98] BICKERDIKE J O. Fandom, image and authenticity: joy devotion and the second lives of Kurt Cobain and Ian Curtis [M]. Basingstoke: Palgrave Macmillan, 2014.

[99] GRAY S. Harrington, fandom: identities and communities in a mediated world [M]. New York: New York University Press, 2017.

[100] HALL S. Encoding/decoding [M] //HALL S, HOBSON D, LOWE A, et al, eds. Culture, media, language: working papers in cultural studies (1972-1979). London: Hutchinson, 1980 (1973).

[101] LIZIE A. Dreaming the world: U2 fans, online community and intercultural communication [M]. Cresskill, NJ: Hampton Press, 2009.

[102] MORLEY D. The nationwide audience: structure and decoding [M]. London: British Film Institute, 1980.

[103] ENG L. Otaku engagements: subcultural appropriations of science and technology [D]. Troy, NY: Rensselaer Polytechnic Institute, 2006.

[104] ABERCROMBIE N, LONGHURST B. Audiences: a sociological theory of performance and imagination [M]. London: Sage, 1998.

[105] DE KOSNIK A. Digital labor: the internet as playground and factory [M]. SCHOLZ T, ed. New York: Routledge, 2012.

[106] DE CERTEAU M. The practice of everyday life [M]. Berkeley: University of California Press, 1984.

[107] STANFILL M, CONDIS M. Fandom and/as labor [J]. Transformative works and cultures, 2015 (15).

[108] BOOTH P. Digital fandom 2.0 new media studies (digital formations): 2nd edition [M]. Switzerland: Peter Lang, 2016.

[109] STANFILL M. Fandom and/as labor, exploiting fandom: how the

media industry seeks to manipulate fans［M］. Edward：University of Iowa Press，2019.

［110］人民网. 二次元游戏占手游近半市场［EB/OL］.（2019-06-18）［2024-03-15］. https://www.sohu.com/a/321278251_114731.

［111］澎湃新闻. 从初音未来到荷兹：人们为什么会迷恋"虚拟偶像"？［EB/OL］.（2017-09-12）［2024-03-21］. https://www.sohu.com/a/191470139_260616.

［112］https://baike.baidu.com/item/ 后宫动漫。

［113］毒眸.4 天假期 200 场漫展，中国需要这么多漫展么？［EB/OL］.（2019-05-05）［2024-03-21］. https://baijiahao.baidu.com/s?id=1632683949124034303&wfr=spider&for=pc.

［114］全媒派. 从 Fandom1.0 到 2.0：粉丝实践的文化变迁［EB/OL］.（2019-08-10）［2024-03-21］. https://www.huxiu.com/article/312781.html.

［115］开发者社区. 中国二次元游戏用户行为分析报告［R/OL］.（2018-04-25）［2024-03-21］. https://gameinstitute.qq.com/community/detail/124201.

［116］ACGx. 被周杰伦看好的虚拟偶像，到底是什么？［EB/OL］.（2017-09-22）［2024-03-21］. https://www.huxiu.com/article/215892.html.

附录1　局外人的身份困扰与性别优势

2018年4月,我正在做综艺节目《创造101》王菊粉丝的田野调查,那个时候是我刚刚接触粉丝文化。当时在做综艺节目粉丝文化调研的时候,并没有觉得研究者的身份以及性别会给本书的研究带来什么样的影响,直到2019年9月,我决定把二次元粉丝文化作为自己的研究方向之后,才意识到作为一名研究者(在田野调查中的局外人身份以及性别)对于研究开展产生的影响。

首先,关于研究者"粉丝身份"的问题。

很多研究者以及田野调查者都会选择自己熟悉的领域进行调研,但也正是因为这样,大部分研究者对于材料的新鲜感会大打折扣。比如我在进行综艺节目《创造101》的田野调查的时候,就没有遇到"非粉丝身份"带来的困扰。因为在我打算进行这项研究的时候,我的身份就是一名"粉丝",我当时已经在密切关注选手王菊的大起大落。所以,很多现象对我来说根本就不是问题,而是一目了然的。比如"菊花宝典""打投女工""doki打榜"等外人听起来一头雾水的词语,对于我来说却是谙熟于心。因此,我在进行田野调查的时候根本不用刻意去寻找网络社区的粉丝群体,因为我自己就参与其中,研究起来非常方便。但是,也正是因为这样,面对一些材料我缺乏最基本的敏感度,很多研究内容常常被我忽略。

附录1 局外人的身份困扰与性别优势

"粉丝"身份给我带来便利的同时，也会让我丧失对一些材料最起码的新鲜感。而这个问题在我进行《创造101》王菊粉丝田野调查的时候，我并没有意识到。而且据我所知，很多研究者在进行粉丝文化研究的时候，往往自己就是一名粉丝，比如粉丝文化的研究先驱亨利·詹金斯，最初在研究粉丝文化的时候，他的身份就是一名粉丝。然而，研究者的"粉丝"身份如同一把双刃剑，虽然进入田野调查的阻力大大减小，但是如何进入以及进入的过程也是最容易被忽略的。

当我真正意识到粉丝身份问题的时候，我已经开始在进行中国Z世代虚拟偶像粉丝圈层的田野调查了。虽然前期进行调研的时候，我从腾讯二次元报告中得知虚拟偶像粉丝群体60%是男性，但是我对这个数字的理解仅仅停留在表面，我并不知道这个数字真正意味什么，也不知道"宅男"这个词真正的文化内涵，因为我并不是二次元文化的爱好者。尽管在前期我已经查阅了大量的关于二次元群体以及虚拟偶像的文献资料，但是只有当真正进入这个群体的时候，我才深深地体会到了"宅男"这个词的含义有多么复杂，仅靠一些文献资料远远不能呈现其真实面貌。此外，我并不是虚拟偶像的粉丝，因此寻找这个群体以及进入虚拟偶像群体的过程花费了我非常大的精力。对成长于互联网时代的粉丝群体进行研究，并不像传统的人类学田野调查一样，有固定的地点和固定的群体，Z世代虚拟偶像粉丝的线下聚会呈现出散状、非定点、灵活性极强的特征。因此，如果不是粉丝的身份，那么进入虚拟偶像的粉丝群体是要花费巨大的时间与金钱的。带着懵懵懂懂的"萌新"的心态，我一步步走近这个群体，一步步成为他们的朋友。整个过程虽然艰辛，但有弊也有利，在田野调查过程中，我以一个局外人的身份一步步接触这个群体，能够保持时刻的新鲜感，所有田野调查过程中的人物及材料都能够引起我的思考，这对于研究者来说意义重大。

其次，关于"性别身份"的优势。

女性的性别对于我这次的田野研究来说具有很大的优势。

第一，采访优势。有关都市的田野调查，尤其是跟人打交道的田野调查往往是学术研究中最头疼的事情。我看过很多女性人类学家的田野研究笔记，发现她们的研究非常细腻，这并不是说男性在进行研究的时候粗糙，而是女性具有天然的性别优势，即在采访的时候，更容易跟人打交道。在一百多年前，欧文·戈夫曼在《街角社会》一书中对美国的一个意大利移民社区进行了田野研究，一百年后，她的女儿爱丽丝·戈夫曼在《在逃：一个美国城市中的逃亡生活》中对美国的一个黑人社区的生存图式进行了描绘。相比她的父亲，爱丽丝的女性身份让她很快就融入了这一黑人社区。对我的研究来说，女性身份在采访过程中更具优势。由于我的研究对象几乎都是男性，当我采访他们的时候，他们对我非常友好，很乐意和我探讨一些并不会冒犯他们的话题。面基的时候，女生是极少的，因此他们非常欢迎我参与他们的线下活动。这对我的采访来说非常有利。记得爱丽丝·戈夫曼在《在逃：一个美国城市中的逃亡生活》一书中曾描述，"麦克为了显示自己能力，常常吹嘘自己，并且帮助她介绍一些这个街区的小伙子"[①]。

第二，研究视角的优势。研究视角的优势是我在进行二次元群体粉丝文化调研之后才发现的。早期，我在网络社区跟粉丝聊天的时候，由于虚拟身份模糊了性别区分，我并不知道屏幕后面是一群男性，我理所当然地把他们视为女性。当我第一次参加面基的时候，我才发现只有自己一个女性，这个给了我非常大的冲击——为什么会出现这种情况？带着这个疑问，我一边继续研究一边寻找答案。我慢慢融入二次元世界，才发现很多二次元内容的创作者、上传者、传播者，甚至是观看者都是男性。当我以一名女性研究者的身份进行研究的时候，性别视角的不同让我注意到了之前并没有发现的很多内容，这为我的田野调查带来了全新的认识。

---

① 戈夫曼.在逃：一个美国城市中的逃亡生活［M］.赵旭东，等译.北京：中国人民大学出版社，2019.

附录 2 被采访对象的后续故事

本书研究时间为 2018—2021 年。期间，受访者人生经历了很多变化，我非常感谢这些受访者对本书的大力支持。

2018 年 9 月，我正式开启田野调查，同年 10 月，陆续跟着粉丝进行了线下应援活动。之后又认识了好几位粉丝，并长期跟他们保持着联系，我要特别感谢他们一直以来的信任。

F1 顺利博士毕业，成为一所大学的教师，她为了自己的学术理想继续奋斗，尽管也会听一听初音未来的歌曲、跳一跳喜欢的宅舞，但是学术的压力让她没有了更多时间像从前那样追星以及去初音未来的演唱会。F2 开启了大学生活。进入大学之后，她更加热衷宅舞以及 Cosplay。

M1 参加了艺术培训，正走在通往艺术考试的道路上。出于家庭经济原因，他已经很久没有参与洛天依的应援活动了，在追星的道路上渐行渐远。M2 上了一所天津的大专院校，依然会抽空去打工，并用攒下来的钱追星。M3 成功通过了雅思考试，于 2019 年 10 月去英国某大学交换学习一年。他说自己交换学习结束之后，可以直接保研，也可以在外国继续读研究生。去国外之后，他也经常去参加当地的漫展，依然会每天追番。只不过他告诉我，英国那边的漫展很多都是欧美电影中的超级英雄，跟国内的感觉有很大不同。后来他从英国交换学习回来，继续攻读博士学位，闲暇的时间依然会创作一些 MMD 等同人作品、去逛漫展、去演唱会支持洛天依。M4 忙于工作，已经很少去演唱会了。M5 作为地铁乘务员，工作越来越繁忙，但仍会利用年假时间去初音未来的演唱会。M6 顺利毕业，开始了职场生活，已经较少去演唱会了。

这些受访者后续的生活经历与追星经历，也从侧面印证了本书的一个重要发现——时间、资金、情感是粉丝养成式文化中缺一不可的因素，如果没有大量的时间与资金作为支撑，就很难维持"为爱发电"的行为，粉丝与偶像双向养成的"情感资本"链条就会中断，久而久之，那些最初的狂热粉丝就会退出核心粉丝圈层，成为路人粉或者大众粉。由此可见，Z世代虚拟偶像粉丝群体的低龄化趋势与青少年群体具有充足的时间、富裕的家庭条件、较轻的社会压力有紧密的关系。

最后，感谢本书所有的受访者，如果没有你们，就不会有本书的顺利出版，感谢你们！

图书在版编目（CIP）数据

中国Z世代粉丝圈层的文化生产研究 /杨盈龙著. —北京：中国国际广播出版社，2024.4
ISBN 978-7-5078-5552-4

Ⅰ.①中… Ⅱ.①杨… Ⅲ.①偶像崇拜－文化社会学－研究－中国 Ⅳ.①G12

中国国家版本馆CIP数据核字（2024）第087214号

中国Z世代粉丝圈层的文化生产研究

著　　者	杨盈龙
责任编辑	屈明飞
校　　对	张　娜
版式设计	邢秀娟
封面设计	赵冰波

出版发行	中国国际广播出版社有限公司［010-89508207（传真）］
社　　址	北京市丰台区榴乡路88号石榴中心2号楼1701
	邮编：100079
印　　刷	天津市新科印刷有限公司
开　　本	710×1000　1/16
字　　数	210千字
印　　张	11.5
版　　次	2024年4月 北京第一版
印　　次	2024年4月 第一次印刷
定　　价	48.00元

版权所有　盗版必究